JN108523

わたしは黙らない

性暴力をなくす30の視点

合同出版編集部 編

　「性暴力」という言葉を聞いて、何かとても怖いものだとか、自分とは関係のないことだと思う人もいるかもしれません。わたし自身も、性被害について取材を始めるまでは、遠い距離にあるものだという印象を持っていました。

　けれど実際に調べ始めてからは、これが自分にとってもっとも身近な問題の一つなのだと気づきました。

　わたしが都内の高校に通っていたのは1990年代の中頃のことです。女子生徒の間で痴漢被害はあって当然のことで、ときどき「今日の痴漢はこんなにひどかった」と話題になりました。別のクラスの生徒が通学中にスカートに体液をかけられ、学校に着いてから泣きながら洗ったという話も聞いたことがあります。

　警察に届けた友達もいましたが、ほとんどはそうしませんでした。大人や警察に相談できない理由はいくつもありました。

　先生や親に、なんて言って伝えたらいい？　大ごとになってしまったらどうなるかわからないし、怖いよね。大人に言っても「スカートが短いから。気をつけなさい」と言われただけだった。痴漢を捕まえた友達は、駅員室で犯人と一緒に警察が来るのを待たされたらしい……。

　自分たちだけでそんな話を共有して、我慢してやり過ごすしかないと思っていました。こんなの大したことではないのかもしれない。みんな同じような目に遭っているのだから。それがあの頃の気持ちにもっとも近いものだったかもしれません。

　日本性教育協会による「青少年の性行動全国調査報告」によれば、高校生女子の痴漢被害率は、1999年には30.4％（男子は2.5％）、大学生女子は56.2％（男子は13.4％）です。2017年の調査では、高校生女子で10.6％（男子は1.4％）、大学生女子で24.0％（男子は2.5％）です。

　減少傾向であることがわかりますが、それでも大学生女子の4人に1人に被害経験があります。

　つい先日、痴漢の問題に取り組む女子大学生たちに話を聞くと、やは

り彼女たちにも被害経験がありました。そして、痴漢を社会課題として解決するための話をする彼女たちに向かって「痴漢ってもう解決済みの問題でしょ？」と言う大人がいると聞きました。彼女たちは、それに憤っていました。

　わたしが彼女たちと同じ年齢の頃はまだはっきりと怒れなかったし、社会課題を解決するためのアクションも起こしていませんでした。この問題を何十年も放置し続けた大人の一人として本当に申し訳なく思う一方で、彼女たちをとても心強く、頼もしく思います。わたしが10代20代の頃に比べればこの問題についての世の中の理解は深まっているし、良くなり続けるだろうと信じています。

　この本には、性暴力が今よりももっと語られづらく、それを口にすれば様々な形で口をふさがれてきた時代から、声を上げ、問題を明らかにしようと闘ってきた人たちがそれぞれの記憶と記録を綴っています。あるいは若い世代が、今現在、社会課題と向き合っています。数十年前よりも声を上げやすくなったのは、彼女ら彼らが活動を続けてきているからです。

　「性犯罪」という言葉ではなく「性暴力」という言葉を主に使うのは、明るみに出なかったり、司法の場で認められなかったりして、犯罪にはカウントされない性暴力の数が多いからです。「性犯罪」は「性暴力」のうちの、ほんのわずかでしかありません。

　読み進めるうちにつらくなったときは、いったん本を置いて、お茶を飲んだり体を休めたり、好きなことをしてください。読み進めるのが大変な部分もあるかもしれませんが、執筆者は未来に向けて筆をとっています。未来は明るいと信じるみなさんにとってのヒントとなるものが、必ずあるはずです。

小川たまか

もくじ

第 1 章

世界で、日本で、
立ち上がった
＃ MeToo

01
アメリカにおける ＃MeToo

渡邉葉（翻訳家、弁護士）

● 始まりは 2006 年

　アメリカで＃MeToo といわれる動きが始まったのは、2006年のことでした。性暴力に苦しむ女性たちが「あなたは一人じゃない」「わたしもそうだった」と声を上げて支え合うことができるように、ニューヨーク市の活動家タラナ・バークが、この言葉を合言葉にしようと提案したのです。

　メディアを通じて＃MeToo という言葉が広く使われるようになったのは、それから10年以上が過ぎた2017年のこと。きっかけは、大手新聞のニューヨーク・タイムズ紙が10月5日に掲載した記事でした。二人の女性記者が報道したこの記事では、当時ハリウッドの映画界で大きな権力を持っていたプロデューサーのハーヴェイ・ワインスタインが、30年以上にわたり、有名な女優や駆け出しの若手を含む多くの女性にひどい性暴力をしていたことが書かれていました。

● 記者による調査報道が始まる

　映画俳優にとってプロデューサーは、大きな支配力を持つ存在です。配役がプロデューサーの一言で決まることも多いし、もし嫌われたらキャリアを台無しにされる可能性もあるからです。ワインスタインは「面接する」と言っては女優をホテルの部屋などに呼び、誰の助けを呼ぶこともできない密室で性的な行為を命じていました。

　「言う通りにすればいい仕事をやる。言う通りにしなかったら……」

　脅され、泣きながら無理やり要求に応じさせられた人もいたと、その記事には書かれていました。記者たちは、ワインスタインの会社で現在働く人たちや過去に働いていた人たちからの聞き取り調査を行い、法廷に提出された書類なども調べ、性暴力が事実であることを確認しました。また、ワインス

アリッサ・ミラノのツイート

タインが少なくとも8人の被害者に対し、お金を支払うことで彼女たちを黙らせていたこともわかりました。

　ニューヨーク・タイムズ紙の記事が公開された3日後、ワインスタインは自分の創立したワインスタイン・カンパニーから解雇されました。その数日後には、ニューヨーカーという雑誌が調査報道を発表し、もっとたくさんの女性がワインスタインの性暴力を受けていたことが明らかになりました。最終的に90人近い女性たちがワインスタインから性暴力を受けたと証言しています。

● 「# MeToo（わたしも）」は自発的な連携

　これを受け、女優のアリッサ・ミラノが、タラナ・バークの提唱した合言葉をソーシャルメディアに投稿し「性的な嫌がらせや性暴力を受けたことのある女性たちがみんな、Me Too（わたしも）と名乗り出たら、これがどれだけ大問題か人々も気づくかもしれない」と呼びかけました。そして彼女もまた、性暴力の被害者だと声を上げました。これに答えて6万件以上の反応があり、「# MeToo」というハッシュタグが広く知られることとなったのです。

　権力ある男性からの性暴力を受けた女性たちの告発、それを報じた記者たち、そして声を上げようと促した女性たち。それぞれが自ら悩みながら考え行動した、自発的なリレーのような連携から、# MeToo は生まれました。

　それまで、性暴力の被害は、「恥」など負のイメージを伴う社会的および心理的な傷（「スティグマ」ともいう）として受け止められていました。特に加害者が企業や組織で高い地位と権力を持つ男性の場合、被害者の訴えは無視されてしまうことも多かったのです。多くの被害者は、権力を持つ加害者からの仕返しを恐れて声を上げることができず、苦しんできました。

2018年1月にニューヨークで行われた
ウィメンズ・マーチの様子（筆者撮影）

● 込められた意味は「一人じゃない」

　以前にも「セクシュアル・ハラスメント」という言葉はありましたが、それは会社の上司から性被害に遭った人が裁判を起こす時などに多く使われ、それぞれの特定の被害に限定して使われるニュアンスを持っていました。被害者はたいてい、孤独に闘わなければなりませんでした。性犯罪の被害だけでも怖くてつらいのに、そのことを語ると、被害についてよく理解していない人たちに責められることも多く、話しづらい雰囲気がありました。

　けれどもワインスタインの事件が明るみに出た時、有名人ではないふつうのひとたちも＃ MeToo というハッシュタグを使い、ソーシャルメディアを通じて「わたしも」被害に遭った、と声を上げる機会を得ました。それまではひとりで悩み、苦しむことを強いられた性暴力被害者たちが「ひとりじゃない」と励まされたのです。＃ MeToo という言葉は、それぞれの事情は別でも「わたしも」「あなたも」「あの人も」この痛みを知っている、と気づき合い、語り合う力を与えてくれました。こうした声が「見える」ようになっていくにつれ、多くの人たちが自分たちの体験を語ったり、性被害についての考えを話し合ったりする環境が生まれたのです。つらい体験を話すのは勇気のいることですが、こうしてみんなの勇気が連鎖していきました。

● 声を上げることで社会は変えられる

　被害者たちの間に連帯感が生まれただけでなく、自分は被害に遭ったことがないという人たちにも「性被害は、社会全体の問題なのだ」という理解が広まっていきました。映画の世界だけでなく、音楽、教育、科学、メディア、宗教組織など様々な業界で、ボスとして権力を握る男性たちがその地位を利用して性暴力を行ってきたことが明らかになりました。

　その結果、テレビ会社やホテルの社長、裁判官、大学教授や教師など200人を超える男性たちが性暴力の告発を受け、自ら地位を降りたり、解雇されました。彼らに代わって新たに社長や企業の幹部、教師や裁判官などが採用されましたが、そのうちの50人余が女性でした（なぜもっとたくさんの女性に組織を導く役割を与えないのかは、構造的に考えるべき問題です）。

　ワインスタインについては、ニューヨーク、ロンドン、ロサンゼルスの各地で刑事捜査が行われ、ニューヨークで行われた刑事裁判ではレイプを含む性暴力で有罪となり、23年間、刑務所に入ることになりました。性暴力の被害者が受けた心と体の傷に対する損害賠償を求める民事裁判は今も続いています。

　# MeTooがきっかけとなり、アメリカの各地で、性暴力を予防するための法律も作られました。職場や学校で性暴力を予防するためのトレーニングや、被害者を黙らせるような契約を禁止する法律が作られたのです。一人ひとりが「わたしも」と声を上げることで、社会を変えていける。# MeTooはそれを形にしたのです。

渡邉葉（わたなべ・よう）
翻訳家、エッセイストを経て現在は米国ニューヨーク州弁護士。
翻訳『シンデレラ　自由をよぶひと』（河出書房新社）。

02
2017年の # MeToo

伊藤詩織（映像ジャーナリスト）

●「わたしも」という言葉がハリウッドで

MeToo──「わたしも」という言葉が2017年10月、アメリカで、ある報道をきっかけに始まりました。ハリウッドの大物プロデューサー、ハーヴェイ・ワインスタインが女優やスタッフたちに対して、セクハラ、性的暴行を長年にわたって行っていたのです。そのような噂はハリウッドでそれまでもよく聞かれていましたが、ワインスタイン氏は罪に問われることもなく、繰り返し女性たちへ加害行為を行っていました。

ワインスタイン氏は問題が明るみに出そうになると、優越的地位や金品を使って、真実を闇に葬ってきていたのです。この報道を最初にわたしに教えてくれたのは、ニュースサイトの記者の女性でした。海外の友人もSNSに # MeToo のストーリーを書き込み始め、次々と個人的な体験が言語化されていく様子を見ました。この報道をきっかけに世界中の人たちが、SNSを通して声を上げ始めたのです。

この時期に # MeToo がこれほど大きく盛り上がった背景には、SNSで一般の人が簡単に情報発信できたり、小型のレコーダーやスマートフォンの録音機能を誰もが使うようになったこともあったのではないかと思います。10〜15年前に同じことをしようとしても無理だったかもしれません。

これまで表面化していない、日の目を見ることのなかった声がふき出るプラットフォームができたのではないかと思いました。

アメリカでは5人に1人が性暴力の被害を受けたことがあるという調査結果があります。この数字を見ると、ワインスタイン氏のケースがまったくの氷山の一角であったことがわかります。このケースがきっかけになって # MeToo 運動が始まり、性暴力根絶に向け世界中で様々な変革が起きていきました。

● 加害者を告発した理由

　わたしはこの報道、そして♯ MeToo が広まるちょうど５カ月前、2017年
５月に自分自身の性被害を公に告発しました。2015年に被害を受け、心や
体が傷つき、その苦しみから逃れたくて何度も人生を終わりにしたいと思い
ました。

　相手は当時の総理大臣に近い有名なジャーナリストであったことから、
様々なことを恐れました。しかし、当時からジャーナリストという仕事が夢
だったわたしは自分の真実にフタをしてしまったら、ずっと憧れてきたこの
仕事は務まらないと感じ、真実と向き合おうと決めました。わたしの心や身
体を傷つけられても、夢まで奪われることは絶対に許せなかったのです。

　被害そのものは言うまでもなくショックな出来事でしたが、わたしがさら
にショックを受けたのはその後でした。警察で受けた、被害者への理解のな
い捜査方法や、110年近く変わっていなかった刑法、助けてくれる機関の少
なさを目の当たりにしたのです。被害を受けてもきちんと救済されない社会
で今まで暮らし、これからも生きていくのかと思うと恐ろしくてたまりませ
んでした。

　このままでは、わたしの大切な妹や友人が同じ目に遭った時に大変なこと
になってしまう、そう思い、改善を促すために自分の経験を公表しようと決
意しました。

　自分の被害についてはできれば誰にも知られたくありませんでした。心の
奥に仕舞い込みたかったし、可能ならば忘れたかったです。しかし、人間に
はパソコンのように削除ボタンがあるわけではなく、心や身体に刻まれた傷
は忘れることはできません。その傷と自分のタイミングで向き合い、痛みが
和らぐことを信じ、一緒に生きていかなければならないのです。

● 被害に遭った人が恥を感じる必要はない

同時に、わたしは何も悪いことをしていないのに、被害者ということで隠されたり、レッテルを貼られることはおかしいと思いました。被害を受けても堂々と生きて、何も奪われていないのだと示したかったのです。友人から「昔のように笑わなくなった」と言われたこともありました。自分自身で「わたしはわたしのまま」、そう心から感じるまでには時間がかかりました。

まずは自分から変わらなくてはと強く感じ、被害を受けても恥だと思われる理由はないと背筋を伸ばして表明したいと思い、名前と顔を出して声を上げました。

日本の遅れている性暴力への理解やサポート機関、法律の改革につながるように声を上げたあの日のことは今でも忘れられません。この時は♯MeToo運動が始まる少し前でしたが、それまで誰にも被害を語ることができなかったという人々の声なき声が届きました。

● 心強かった、たくさんの「杭」

一方では、日本ではこれまで、被害者が声を上げることが極めて少ないこともあり、性暴力の被害の事実を公の場で話すことに違和感を持った人たちからの誹謗中傷がありました。たとえば、年配の女性からは「自分は両親からきつく躾を受けて気をつけていた。事実だとしても、これはあなたの責任。恥を知りなさい」というメールが送られてきたこともありました。

「出る杭は打たれる」、何度もこの言葉をかけられました。さらに、わたしが想像もしなかったようなメディアのバイアスがかかった取り上げ方もありました。しかし、その直後、世界的に起きた♯MeToo運動は、「杭たち」がいっせいに表面に出てきたようでした。まるで「打てるものなら打ってみ

●加害者との関係

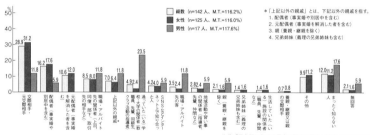

出典:「男女間における暴力に関する調査」(令和3年、内閣府)

ろ!」と言わんばかりの人々の立ち上がりは、それまで孤独を感じながら声を上げていたわたしにとって大変心強いものでした。「わたしは一人ではない」という確信、連帯感が国境を超えて伝わってきたのです。

顔見知りからの被害が多い

　実際には欧米諸国と比べて、日本では#MeTooの運動はあまり大きく広がっていません。その理由の一つは、日本では加害者が同僚や友人、親戚など、顔見知りからの被害が8割といわれる状況で、警察・司法がしっかり訴えを受け止めることをしない、訴えをサポートする機関が十分機能していない中では、身近な人びとへの影響を思うと被害を訴えたり、被害届けを出すことは安易ではないからです。

　しかし、だからといって、諦めてはいけません。少しずつ、一歩一歩でも前進できるように、できることから変えていかなくてはいけないのです。これ以上、#MeToo「わたしも」という声があふれないために。この本にはそんな諦めない仲間たちの声が詰まっています。あなたが生きるこれからが、少しでも安心して、前を向いて生きていけるように。

伊藤詩織(いとう・しおり)
映像ジャーナリスト。

03
Spring は何を求めているか

山本潤（一般社団法人 Spring 代表理事）

● 2017 年改正法以前の活動

2017 年の 6 月 16 日、性犯罪に関する刑法の改正案が衆議院本会議で可決されて成立。7 月 13 日から施行されることとなりました。この改正は、明治以来 110 年ぶりの大幅な改正と言われています。

一般社団法人 Spring は、この年の 7 月 7 日に設立した、性被害当事者らを中心とした団体です。性犯罪に関する刑法のさらなる改善を求める運動をしています。1907 年（明治 40 年）制定の刑法が大幅に改正されたものの、性被害当事者からすると、性暴力がどのような被害かの認識が欠如していると言わざるを得ません。被害の実態を反映した刑法性犯罪改正を求めて運動を行っています。

会の正式な発足は 2017 年ですが、活動はその前から始まっていました。そのきっかけになったのが、2014 年 9 月の松島みどり法務大臣の就任会見です。大臣が性犯罪に関する刑法の改正を検討する意向を示し、これを契機に、刑法学者などの専門家を委員とする「性犯罪の罰則に関する検討会」が法務省で開かれることになります。

2015 年 7 月、法務省職員から「検討会のまとめ」を聞くために、議員会館で開かれた院内集会に参加しました。そこで、検討会委員の中で「親子間でも真摯な同意に基づく性的関係が全く起こらないとはいえないのではないか」という発言があったと聞き、ショックを受けました。実の父から性虐待を受けた当事者であるわたしからすると、この発言は到底受け入れられるものではありませんでした。

検討委員会の中でこのような発言がされているとするなら、性犯罪を議論する場に、性暴力の実態が反映されていないと考えざるを得ませんでした。どうすれば、性暴力の実態を理解した刑法改正をしてもらえるのか。「性暴

性犯罪刑法改正とそれ以降の時系列

2014 年 9 月 3 日	松島みどり法務大臣が就任会見で刑法改正に言及
2017 年 6 月 16 日	性犯罪刑法改正案が衆議院本会議で全会一致で可決、成立
2017 年 7 月 7 日	一般社団法人 Spring 設立
2017 年 7 月 13 日	性犯罪に関する改正刑法が施行
2017 年秋	ハリウッドで「# MeToo」が始まる
2019 年 3 月	4 件の性犯罪・無罪判決　翌月からフラワーデモが始まる
2019 年 12 月	法務省森まさこ法務大臣に要望書提出
2020 年 3 月	再び要望書と署名 94231 筆を法務省に提出
2020 年 3 月 31 日	森まさこ法務大臣がさらなる改正に向けて性犯罪に関する刑事法検討会の設置を発表

力と刑法を考える当事者の会」を立ち上げ、刑法を学ぶ勉強会を始め、検討
会に要望書を提出するなどの活動を行いました。

● 「ビリーブキャンペーン」で求めた「再検討」

　検討委員会の終了後、格上の機関である法制審議会が、法務省で開催され
ました。「わたしたち当事者の声を聴いてください」という要望書が受け入
れられて、2016 年の 5 月、わたしともう一人の当事者と一緒にヒアリング
を受けました。親などからの 18 歳未満の子どもへの被害を罪に問う監護者
性交等罪の創設を議論する会だったので、手応えはあったと感じます。

　ただ、法務大臣が法制審議会に諮問した時には、すでに要項（骨子）は決
まっていて、検討会で落ちた論点である「暴行・脅迫要件」の見直しなどの
複数の改善項目は盛り込まれていませんでした。

　そのため、法制審議会終了後の 2016 年秋から、暴行・脅迫要件の緩和も
しくは撤廃：暴行や脅迫が伴わなくても性犯罪と認定するよう改善を求め
る「ビリーブキャンペーン」を始めました。このキャンペーンを担ったの
は、市民の力で政府・企業・報道などに働きかけ、社会を変えていくノウハ
ウ（コミュニティ・オーガナイジング）を持つ「ちゃぶ台返し女子アクショ
ン」、2047 年までに性暴力をゼロにすることを目指して活動する「しあわせ
なみだ」、フェミニストアートグループ「明日少女隊」、わたしが参加してい
た「性暴力と刑法を考える当事者の会」の 4 団体です。それぞれの強みを生
かし、議員に面談するロビイング活動と、実態調査のためのアンケートや改
正を求めるオンライン署名、性的同意について学生と学ぶワークショップの
開催など、世論喚起のための活動を展開しました。

　活動を始めた時点で、今回の刑法改正にはわたしたちが望む改善点が盛り
込まれないことがほぼ決定していました。それでもわたしたちが活動したの

は、条文改正が実現できなくても、附帯決議と附則を求めるためでした。たとえば、裁判官や検察官を対象にして性暴力について研修を行うことや、被害者支援の推進を要望しました。その結果、2017年6月の改正時に、3年後をめどに見直しを検討するという附則をつけることができました。

● 当事者が直接、議員へのロビイングをした

　見直し検討の附則がついたとしても、行動を起こさなくては何も変わりません。2017年の7月にSpringを設立し、9月にキックオフイベントを開催しました。性犯罪の公訴時効期間[*1]が短いこと、性交同意年齢[*2]が13歳と低いこと、暴行・脅迫要件の高いハードルなど、積み残された課題について3年後にもう一度議論を行い、条項の改正をしてほしいというのがわたしたちの訴えでした。

　Springは、月に最低2回は議員へのロビイングをし、与野党に議員連盟をつくることを求めました。自民党だけが2017年12月に「性暴力のない社会の実現を目指す議員連盟（通称：ワンツー議連）」という、性暴力のない社会を目指す議連を立ち上げてくれました。また、他国の性暴力の被害者支援と法制度を学ぶために2018年にはイギリスへ視察に行ったり、心理学者に性暴力の実態を伝えるための調査をしてほしいと伝え、日本で初めて「同意のある性交」と「同意のない性交」の違いを明らかにした質的調査[*3]が実施されました。

　議員さんたちは話を聞いて理解を示してくれましたが、改正についての具体的な話にはなかなか進みませんでした。

● 「わたしたち抜きで決めないで」の願いが叶った

　そんな状況が変わったのは、2019年3月に4つの性犯罪で無罪判決[*4]が

* 1　性犯罪の時効：事件発生から強制わいせつは 7 年、強制性交は 10 年、強制わいせつ・強制性交致傷は 15 年。
　　この期間を過ぎると刑事罰を問うことができなくなる。
* 2　性交同意年齢：13 歳以上では成人と同じように、暴行・脅迫や抗拒不能・心身喪失などの要件を満たすこ
　　とが必要。
* 3　『性暴力被害の実際』（齋藤梓、大竹裕子／金剛出版 2020 年）にまとめられている。
* 4　2019 年に出された、4 つの性犯罪の無罪判決：①福岡地裁久留米支部 3 月 12 日判決（「久留米判決」）②静
　　岡地裁浜松支部 3 月 19 日判決（「浜松判決」）③名古屋地裁岡崎支部判決 3 月 26 日判決（「岡崎判決」）④
　　静岡地裁 3 月 28 日判決（「静岡判決」）。
* 5　「Broken Rainbow-Japan」LGBTIQ の性被害に知見を持つ性暴力サバイバー支援団体。

相次いだことからでした。この判決に抗議し被害者への連帯を示すフラワー
デモが起こりました。花を持って集まり、自らが受けた性被害を口々に語る
人々。その様子が繰り返し報じられるようになると、議員さんたちの反応が
変わりました。世論の盛り上がりを見て、政治家の関心が高くなったのだと
思います。

　2019 年の 12 月には、森まさこ法務大臣に、法改正を求める要望書を提出
しました。翌 2020 年 3 月にも、要望書と刑法性犯罪改正を求める 9 万 4231
筆の署名を森大臣に提出しました。

　そして 3 月 31 日、ついに改正に向けて新たな検討会の設置が決定しまし
た。前回の検討会とは違い、被害者を支援する立場の委員が 17 人中 5 人入
りました。心理学・精神医学の知見から意見を述べる精神科医の小西聖子さ
ん、公認心理師の齋藤梓さん、被害者支援の弁護士である小島妙子さん、上
谷さくらさん、被害当事者／支援者としてわたしも加わることができまし
た。「わたしたちのことをわたしたち抜きで決めないで」「被害当事者を検討
委員に」の願いが叶った瞬間でした。

● 性被害者を排除しない社会を目指して

　2021 年現在、17 人の検討委員によって法改正の議論が行われていますが、
教師から性暴力を受けた当事者や、「Broken Rainbow-Japan」[*5]、子どもへ
の性暴力の研究者、フランス刑法の専門家、性犯罪の加害者臨床に携わる人
など、様々な当事者や専門家もヒアリングに招かれています。法律を変える
ことには高い壁があると感じることももちろんありますが、前回よりは被害
者の実態を踏まえて議論をできるようになったのではないかと思います。こ
の議論が盛り込まれた法改正がされることを望んでいます。

　性暴力は、長い間なかったことにされてきた被害です。被害者は抵抗でき

なかったことを非難され、性被害を受けたことを否定され、大げさだと言われてその声を封じられてきました。性被害に遭ったときにどうすれば良いのかや、被害に遭った人にどんなことを言ってはいけないのかがまだ十分に理解されているとは言えません。

　法律を変えるとともに、社会の中にある意識も同時に変えていく必要があると思っています。性被害に遭った人が安心感を持って社会につながり続けることができるよう、多くの人の理解が必要です（談）。

山本潤（やまもと・じゅん）
　一般社団法人 Spring 代表理事。1974 年生まれ、日本初の性暴力被害当事者等団体「一般社団法人 Spring」の代表理事。看護師・保健師。13 歳から 20 歳の 7 年間、実父からの性暴力に遭う。2017 年、被害当事者らを中心に、一般社団法人 Spring 設立。性犯罪刑法の改正を目指して活動中。性暴力被害者支援看護師（SANE）として、その養成にも携わる。

04
始まったフラワーデモ

北原みのり（作家、フェミニスト）

● 相次いだ4件の性犯罪無罪判決

　日本では、いわゆる♯MeTooは始まらないと、ずっと言われてきました。そしてその理由は「海外と違い日本の女性はフェミニズムに関心がないから」など、まるで日本の女性側に問題があるかのように語られてきました。果たして、本当にそうだったのでしょうか？

　わたしは友人たちと2019年4月、性暴力に抗議する♯MeToo運動「フラワーデモ」を呼びかけました。きっかけは3月に連続して報道された4件の性暴力無罪判決です。実父から長年にわたり性被害を受けてきた女性の訴え、何杯も強いお酒を飲まされ、望まない性交を強いられた女性の訴え、見知らぬ男性から性交を強いられ怪我をした女性の訴え、実父から12歳の女の子にされた性被害の訴え……すべてに無罪判決が出ました。

　なぜこのような判決が出てしまったのか、裁判官に偏見はなかったのか？

　そのような困惑と悔しさと怒りの声がSNSに広まりました。ところが驚くようなことが起きました。判決に動揺する声に対して、「感情的にならないで」「刑事裁判を理解して批判してますか？」など、刑事事件を専門とする一部の弁護士たちが女性の訴えを嘲笑し始めたのです。

● 日本で♯MeTooが始まらなかった理由

　無罪判決が出た裁判のなかには、女性が同意していない性交が行われた事実が認められながらも、男性が「同意があったと勘違いしたかもしれない」ことを理由に無罪とされたものもありました。法律家の専門家ではない"わたしたち"、けれど性被害に遭ってきた"わたしたち"。だからこそ"わたしたち"は、こんな判決がまかり通る世界は怖い、と声を上げたのです。

　その声を「感情的になるな」となだめるエライ人の声を聞きながら、わた

しには確信したことがありました。日本では＃MeToo は始まらなかったのではない。あげようとしても、こんな風に潰されてきたのだ、と。女性の怒りなど、被害者の言うことなど、感情的だから、社会の常識を知らないからとなだめて軽く捉えてなかったことにする。それでも諦めずに声を上げる女性に対しては「彼女は信用できない」「金が目当てではないか」「相手の男に恨みでもあるのか」などと攻撃する。

　これまでどれほどの声を上げた女性たちが、心ない言葉で叩かれるのを、わたしたちは遠巻きに見てきたことでしょう。そんな社会で声を上げるのは怖いのは当然です。これでは＃MeToo が始まるはずがないのです。

● ＃WithYou の声を上げるフラワーデモ

　フラワーデモを始めたのは、「わたしたちがおかしいと思うことは間違っていない」ことを互いに確かめるため、そして被害を受けた女性たちの痛み、その言葉を「わたしは信じます」という声を上げるためでした。＃MeToo、そして「あなたと共にある」という意思を表明する＃WithYou のプラカードを持って、わたしたちは集まろうと決めたのです。女性たちが弱かったから＃MeToo が始まらなかったのではない、社会が女性の声を聞かなかったから、＃MeToo は日本でなかなか始まらなかった。だからまず、あなたの声を聞く、あなたを信じる、わたしの声はおかしくない、という＃WithYou が必要なのだと思ったのです。

　フラワーデモは花を身につけて集まります。デモというとシュプレヒコールなどをあげるイメージや、街中を歩くイメージがありますが、フラワーデモは大きな声を出さず、まずそこに集う、ということを大切に考えました。

　一番初めに集まった日、こんな話をしてくれた方がいました。「わたしはタレントで、外国人です。デモに来るのはとても怖かった。でもここには来

2019年4月11日。まだ「フラワーデモ」と名前もつけていないとき、いてもたってもいられない600人以上の女性たちが集まりました

なくちゃいけないと思いました。日本に生きてたら、みなさん、痴漢に遭ったり、嫌な目で見られたり、女性であることで悔しいこと体験してますよね？　みなさん、だからここにいるんでしょう？」そんな風に話し出してくれた彼女が最後、「ああ、来る前は怖かったけれど、話したら怖くなくなった」と笑ったのです。その瞬間、その場にいた人の気持ちが、まさに花のようにひらき、咲いたと思います。これまで黙ってきたこと、言っても仕方ないと思っていたこと、自分の中で忘れようとしていたこと、でも忘れられなかったこと。その思いを、みなが語り出したのです。

● 広がり続ける声

2019年5月から毎月11日はフラワーデモの日として、様々な地域で活動が始まりました。今は、全国47都道府県、そしてスペインのバルセロナにまで広がった運動になりました。

2020年3月、父親からの性暴力を訴えた女性、お酒を飲まされ暴行された女性の事件に、高裁で逆転の有罪判決が出ました。被害者から見えた世界、被害者の声を社会に届けることによって社会の空気が変わったことの表れだと思います。そして一方で、社会の空気が変わることで判決が変わるのであれば、性暴力がどのような犯罪であるかを理解し、被害者の視点から刑法が改正されなければいけないことも事実です。

イエスのない性交は同意がないのだ、「同意がない性交は犯罪」なのだ、という認識が法律に反映されるためにさらに声を上げていく必要があります。

フラワーデモを通して、性暴力を語る社会の空気は少しずつですが変わってきました。世界には「被害者中心主義」という言葉があります。まずは性暴力被害者から見える現実を、社会が共有すること。苦しんでいる人に寄り添う姿勢を社会が見せること。日本社会も、そのような意識の方向に歩んで

いかねばいけないのです。

● 声を上げればこの社会を変えていける

　声を上げることは無駄ではありません。社会をもっと安心して生きられるものにしたいという切実な願いが、わたしたちを動かしています。女性たちが男性たちの顔色を窺わなくてもいい。ノー！　と強く言っても怖くない。誰もが安心して性を楽しめ、自分に自信を持てる社会をつくりたい。そのような思いでフラワーデモは毎月11日にどこかで行います。あなたの街にもきっとフラワーデモの仲間はいるでしょう。誰にもわたしの言葉など信じてもらえない、と諦めてきた多くの女性たち、多くの被害者たちをこれ以上孤立させないために。♯ WithYou を表明することで、優しい社会を一緒につくっていきましょう。

....

北原みのり（きたはら・みのり）
　　作家・フェミニスト。女性のためのセクシュアルヘルスグッズを扱う会社「ラブピースクラブ」、シスターフッド出版社アジュマブックス代表。

05
メディア界の # MeToo

松元ちえ（ジャーナリスト、メディアで働く
女性ネットワーク WiMN 世話人）

● 女性記者が性被害に遭っていた

　放送や新聞通信社などのメディアの記者は、昼夜を分かたず活動して、人々がより良い生活を送るのに必要な情報を伝えています。とくにニュースの最前線では、深夜や早朝、政治家や警察官と会って取材をすることもあります。ところが、こうした機会に多くの女性記者が性的嫌がらせに遭っていることが報告されています。

　2018年4月、財務省の高官がテレビ局の記者に対して「おっぱい触っていい？」などと迫っていたことが広く報道されました*¹。「政府の役人がそんなことを言うなんて！」と社会は大きな衝撃を受けましたが、とりわけメディア業界では多くの女性記者が怒り、他人ごとではないと痛感して、自分たちができることを模索し始めました。

● 女性が少ない中で沈黙の抑圧

　その頃、世界ではすでにハリウッド映画界の女優たちが、芸能界での性暴力や性差別を告発し、日本でも映像ジャーナリストの伊藤詩織さんが民事裁判でたたかっていました。

　日本の新聞通信、放送、出版界で働く女性たちはこのとき、過去10年、20年にもわたって自分が受けてきた被害のことを思い出していました。

　日本マスコミ文化情報労組会議（MIC）が、2018年夏、メディアで働く人を対象に実施したオンライン調査では、女性の74％が複数回のセクシュアル・ハラスメント被害に遭ったことが「ある」と回答しています。中には、しつこくつきまとうストーカー行為や無理やり性行為をさせられるなど、明らかな犯罪行為も報告されました。さらに驚くべき事実は、ハラスメントの加害者が会社の上司や同僚だけでなく、取材相手である政治家や警察

＊1　週刊新潮「財務事務次官のセクハラ音源」（2018年4月12日発売）。
＊2　MIC（日本マスコミ文化情報労組会議）の調査より。

官、公務員などの官僚だったことでした。

　メディア界で働く女性たちは、性暴力や差別に遭っても「あなたのキャリアのためだから黙っていた方がいい」とか「一人前の記者になるには、いなすことも必要だ」などと言われて、誰にも相談せずに耐えてきたのです。

　たとえば、新聞社で働く人のうち、女性はわずか20％で、指導・教育的立場にいる（管理職）女性はさらに少ない8.50％です＊²。リーダー的な女性がごく少数の中で、文句を言わず、男性の倍以上努力しなければキャリアアップできないと思って一生懸命にがんばってきたわけです。

　しかし一方で、「自分が黙っていたことで性暴力やハラスメントを見過ごす風土を作ってしまった」「後輩まで被害に遭わせてしまった」と考えた女性たちは自分を責め、ひどく反省することにもなっていました。2018年4月、件の財務省高官によるセクハラ発言が週刊新潮に報道されたことをきっかけに、「もう黙ってはいられない」と全国の女性たちが集まり、問題提起をした記者を支えると同時に、自分たちがこれまで胸に秘めてきた被害を語りだしました。

● 身体、心、尊厳、そして「報道の自由」の侵害

　2018年5月、日本で初めてメディアで働く女性だけが集まる会「メディアで働く女性ネットワーク（WiMN）」を立ち上げ、報道機関の会社内や取材現場における性暴力や性差別をなくすために活動を始めました。

　暴力や差別は、人の心も身体も深く傷つけ、一人の人間としてこの世界で大切にされるはずの価値や尊厳を踏みにじります。悪いのは被害を受けた人ではないはずです。メディアで働く人に対する暴力は、さらに別の意味でも重大です。

　日本国憲法は、メディアに政府や警察などの影響や規制を受けず、独立し

WiMN による記者会見。左が松元さん

た機関として、情報を市民に届ける権利を保障しています（21条　報道の
自由）。権力が自分たちの思うままに暴走することを止めることも、報道の
仕事です。メディアは「民主主義の番犬」と呼ばれ、公の機関が市民のため
の仕事をしているか、不正は行っていないかなどを監視する役割がありま
す。市民が健康で安全に過ごし、より良い生活を送るには良質な情報が必要
で、そのためにメディアの存在、報道の自由が不可欠なのです。

　WiMN が出版した『マスコミ・セクハラ白書』（文藝春秋社、2020年）に
は、警察官などから無理やりキスをされたとか、手を握られたといったよう
な被害体験がたくさん紹介されています。圧倒的な力関係のもと、強い側に
いる当局者からの暴力は、情報の行方や中身を左右することを意味します。
取材している記者個人の人権や尊厳を侵害しているだけでなく、憲法で保障
されている「報道の自由」をも侵害することになり、絶対にあってはならな
いことなのです。

　女性たちの連帯は、かつて被害に遭った人やいま被害に苦しんでいる人に
寄り添い、支えることにつながります。

● 支援を受けた、メディア界の # MeToo

　かつての自らの被害を訴える人も現れました。長崎市役所の幹部から性
的関係を強制されたある女性記者は、仲間が行動したことに勇気づけられ、
10年以上前の被害に対して、長崎市に謝罪と損害賠償を求める民事裁判を
起こしました。被害者は記者の仕事を始めてから3年間、読者に長崎の原爆
被害の実相を伝えようと誇りを持って働いていました。

　2007年、長崎市平和式典に関して取材中に性暴力をふるった加害者が、
数カ月後に自殺をしてしまったことから、自殺が女性記者の告発のせいだと
攻撃されるなど、ひどい二次被害も起きました。

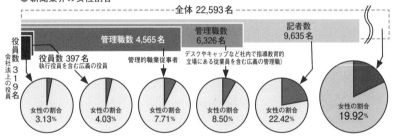

● 新聞業界の女性割合

全体 22,593名

| 役員数 会社法上の役員 319名 | 管理職数 4,565名 | 管理職数 6,326名 | 記者数 9,635名 |

役員数 397名
執行役員を含む広義の役員

管理的職業従事者

デスクやキャップなど社内で指導教育的
立場にある従業員を含む広義の管理職)

女性の割合 3.13%　女性の割合 4.03%　女性の割合 7.71%　女性の割合 8.50%　女性の割合 22.42%　女性の割合 19.92%

※新聞労連に労組が加盟する新聞社・通信社 41 社が回答

　彼女の提訴に対し、WiMN だけでなく全国の新聞通信社の仲間で作る労働組合が支援に乗り出しています。多くの仲間の応援は彼女の力となり、過去を思い出すのはつらいことですが、裁判に取り組むエネルギーになっていると言います。被害に遭った当時、彼女はまだ 20 代でした。

　被害後、死をも覚悟したという彼女は、まさか自分が生きて中年になるとは思ってもいなかったと言います。支えてくれる仲間と出会え、同じように性暴力の被害に遭った女性たちが声を上げるなか、やっと自分の人生を楽しむことができていると語っています。性暴力はひとりの人間から、自由、健康、人生を楽しむ心など多くを奪うということが、彼女の言葉からわかります。

メディア界が変わることが必要

　彼女だけでなく、性暴力や性差別の被害に遭った WiMN メンバーの多くは本名で語ることができません。それは、加害者がまだ近くにいたり、すべては自分のせいだと思い込まされていたり、本名が知られるとインターネットなどで嫌がらせやバッシングを受ける危険もあるからです。性暴力や性差別を受けた時だけでなく、その後に繰り返し、知らない人からもひどい言葉を浴びせられるのは耐えられないことです。

　メディアにはもう一つ、重要な仕事があります。社会で起こる問題を取り上げ、解決へと導くことです。誰かがどこかで傷ついていること、その被害を語れずにいること、必要な支援が受けられないこと、好きな仕事をする機会を奪われることなど、なにひとつ許してはなりません。メディアには、こうした状況を変えていく力と責任があります。メディアに従事する者がことの重大性に気づき、変わること。それによって社会も次第に変わっていくのです。

松元ちえ（まつもと・ちえ）
日英ジャーナリスト、メディア協同組合 Unfiltered.coop エディター。

06
＃MeToo と ＃KuToo
遠くの＃MeToo が、じぶんごとになるまで

石川優実（俳優、アクティビスト）

2017 年の秋、ハリウッドの女優たちが、「＃MeToo」という運動を始めたことがニュースで流れていました。その時のわたしは、ぼんやりと「有名な女優さんたちは大変なんだな」と、他人事のように感じていました。深くその話題を追いたいとも思わなかったし、まさか自分がその数カ月後に「＃MeToo」と声を上げることになるなんて、少しも予想しませんでした。

● 「水着の仕事は嫌」という権利はないと思っていた

高校３年生の時に名古屋の栄の繁華街でスカウトされ、タレント事務所に所属していましたが、2005 年、高校を卒業した時から、グラビアアイドルのお仕事を始めました。

「今後女優・タレントの仕事をしたいなら、まずは水着の仕事をしなければいけない」と言われました。当時わたしは、自分に自信がとてもありませんでした。男性に容姿を勝手にジャッジされる日常を過ごしていたことなど、様々な出来事の積み重ねで、「自分の身体は自分のものである」「わたしの身体や心をどう扱うかは自分が決めていい」ということがわからなくなっていました。そして、わたしのやること、わたしの考えること、わたしの思いつくこと、わたしの感情はすべて、間違っていると思い込んでいました。

だから「水着の仕事をするのはちょっと嫌だな」という自分の思いを、大切にすることができませんでした。自分にはそんなことを言う権利はないんだと、信じ込んでいたのです。

● どんどん解決される、たくさんのモヤモヤたち

そこから約 10 年、わたしは様々なセクハラや性暴力・パワハラに遭ってきました。当時は、自分が何かしらの被害に遭っている、なんて少しも思いませんでした。「また勝手に、許可していない裸の写真が発売されてしまっ

記者会見の様子。右が石川さん
（撮影：Change.org）

た」「仕事先の人と我慢してセックスをしなければならない」「現場で突然、露出を増やすよう要求され断れなかった」…。毎日が理不尽で、やりたくないことの連続でした。

　日本でも少しずつ＃MeTooの声が上がり始めました。偶然、本当に偶然に目にした、ブロガーさんの＃MeTooの記事を読んで、「ああ、これはわたしも経験してきた種類のものだ」と、初めて自分も被害に遭っていたことに気がつくことができました。まさに「わたしも」でした。

　その後、わたしが遭ってきた数々の被害は、「女性は性的なものとして見てもいい」「性的な魅力を使って仕事をしている人は被害に遭っても仕方がない」「お酒を飲んでいたら女性は無理やり性交させられても仕方がない」などなど、様々な女性への差別・偏見がその大元にあり、それによってたくさんの加害が起こっていることを知りました。

　それ以降、日常にあふれるモヤモヤを一つひとつ自分の中で見直していってたどり着いたのが、一年後の「＃KuToo」でした。職場で女性のみにヒール着用を義務付けることは女性差別であるとして、厚生労働省へ労働法を見直すことを要求する署名活動を始めたのです。＃KuTooは、靴＋苦痛＋＃MeTooを掛け合わせて作られた言葉です。この名称は、ただ「靴の苦痛」だけを取り出して問題にしたいのではなく、女性差別を告発する意味で「＃MeToo」という思いを込めました。

● ＃MeTooと＃KuTooの共通点

　＃KuTooと＃MeTooには、たくさんの共通点がありました。多くの人が、痛い・つらい・苦しいと思っていたのに、「自分のせいだ」「我慢できない自分が悪い」「その仕事を選んだのだから仕方がない」「女に生まれたから、そういうものだ」と思い込んでいたこと。ほとんどの男性は職務上の合理的な

石川優実＠#KuToo署名中🔴...
@ishikawa_yumi

私はいつか女性が仕事でヒール
やパンプスを履かなきゃいけな
いという風習をなくしたいと思
ってるの。
専門の時ホテルに泊まり込みで
1ヶ月バイトしたのだけどパン
プスで足がもうダメで、専門も
やめた。なんで足怪我しながら
仕事しなきゃいけないんだろ
う、男の人はぺたんこぐつなの
に。

#KuToo の発端となった石川さんのツイート

理由なく履く靴の種類を強制されることもなく、セクハラにも遭わずに仕事
を続けることができるのに、女性だけがなぜ……。

　誰かが勇気を出して声を上げた時にはたくさんの共感の声が上がること
も、大きな共通点でした。

　そしてなんと、反発の声にもある共通点がありました。「その仕事を選ん
だ自分が悪い」「なぜ拒否しなかったんですか？」「売名にすぎない」「運動
にするようなものではない」「被害者ビジネス」「それくらい我慢するのが大
人」などなど、たくさんの人たちがわたしの声を潰しにかかってきました。

　残念なことに、今の日本では女性差別をなくそうと声を上げると、声を上
げた本人、それに賛同する人びとにこのような攻撃が向けられます。そうし
て、その声は沈静化して、女性差別はもうないかのように扱われ、その結
果、日本は現在もなお、ジェンダーギャップ指数ランキング*¹ がとても低
位なのです。

● # KuToo が変えたこと、あなたが変えること

　# KuToo の活動は、わたしの想像を超えた、様々な変化が生まれました。
まず、活動の中心となった署名活動では、2020 年 10 月までに 3 万 3000 筆以
上の署名が集まっています。この署名を厚生労働省に要望書と共に提出する
と、議員さんが国会で取りあげてくれたり、たくさん報道されたりしまし
た。その結果の一つとして、パワハラ防止法（2020 年 6 月施行）の紹介パ
ンフレット*² では、ケガをしている労働者にヒールのある靴を強要した場
合、パワハラにあたり得るということが掲載されました。

　社会にも少しずつ変化が起きました。docomo、au、SoftBank の携帯 3
社、JAL と ANA はヒール規定を撤廃し、ニュースにもなりました。わたし
のもとには、「# KuToo のおかげで上司に交渉ができた」「上司からヒール

＊1　「世界経済フォーラム（WEF）」が男女格差を分析した「ジェンダーギャップ指数2020」では、日本は153
　　　カ国中121位。
＊2　パワハラ防止法パンフレット：https://www.no-harassment.mhlw.go.jp/pdf/pawahara_gimu.pdf
＊3　「# MeToo」も2018年に選定されている。

じゃなくてもいいと言ってもらえた」「就活にヒールのない革靴で行く勇気が出ました」など、たくさんの声が寄せられました。男性からも「女性がこんなに大変な思いをしていることを知りませんでした」という声がありました。

　そして♯KuTooは、2019年の「ユーキャン新語・流行語大賞」＊3のトップ10にも選出されました。

　始まりは「なんで足をケガしながら仕事しなきゃいけないんだろう、男の人はぺたんこぐつなのに」という、たったひとつの愚痴ツイートでした。「文句や愚痴ばっかり言うな」と言われる社会ですが、文句や愚痴がなければ問題はわからないままです。皆さんも「これはおかしいんじゃないか？」と思ったことは、少し勇気を出して「えいっ」と発信してみてください。また、声を上げた人を一人にせず、寄り添ったり、声をかけてあげてください。そんなアクションの積み重ねが社会を動かし、日本もジェンダー平等に近づいていくのだと信じています。

石川優実（いしかわ・ゆみ）
俳優、アクティビスト。2019年英BBCが選ぶ「100 Women」に選出。

世界の刑法との比較

　日本では同意のない性行為を無理やりしても、それだけでは性犯罪になりません。レイプが成立するには、「暴行または脅迫」「心神喪失または抗拒不能」という厳しい要件が必要とされます。そのため、性被害に遭っても加害者が責任を問われず、被害者が泣き寝入りをするケースが後を絶ちません。

　海外ではどうでしょうか。海外でも同じ問題がありましたが、女性たちや被害者たちが手を取り合い、「これはおかしい」と声を上げ、# MeTooの高まりも受けて、被害者に寄り添う内容の法改正が進んできました。

　イギリス、ドイツ、カナダ、インドなど多くの国では、被害者が拒絶しているのに性行為をすればそれだけで処罰される法改正が実現しています（「No means No」と言われています）。スウェーデンではさらに、被害者からNoの意思表示がなくとも、意思を確認しないまま自発的でない人に性行為をすれば、性犯罪とされるという法改正が実現しました。これは「Yes means Yes」と言われる画期的な改正でした。

　一方、韓国や台湾などでは、教師や上司、施設の職員などの地位を利用して行われた性犯罪について特別な処罰規定を作りました。指導、監督している人に急に性行為をされても強く拒絶できない被害者の心情に寄り添った法規定と言えます。

　また、2020年時点で日本の刑法では「性交同意年齢」が13歳となっていますが、世界では16歳や15歳など、もっと高い年齢に設定して子どもを守っています。子どもの頃の性被害について大人になっても訴追できるように、公訴時効を長く設定するなどの改正も進んでいます。日本の法律は子どもを守れているでしょうか？

　「性行為には同意が必要」という法改正を実現した国では、性行為には同意が必要だということを学校でも社会でもしっかり教えることになりました。

　日本でも暴行・脅迫などの要件を撤廃し、同意のない性行為は処罰されるという法改正を実現し、性行為の同意の意味を子どもにも大人にも幅広く教育していく、そのことが、性暴力被害のない社会を作る第一歩となるでしょう。

　同じ性暴力の被害に遭ったとしても、日本で生きているわたしたちは、諸外国と同じような保護を受けられない、そんなことがあっていいのでしょうか？　一日も早く、日本でも被害者に寄り添った法改正が進むよう求めていきましょう。

伊藤和子（弁護士・NGO ヒューマンライツ・ナウ事務局長）

■おすすめの本①

『13歳、「私」をなくした私―性暴力と生きることのリアル』(山本潤、朝日新聞出版、2017年)

『あなたに伝えたいこと―性的虐待・性被害からの回復のために』
　(シンシア・L・メイザー、K・E・デバイ、野坂祐子、浅野恭子訳、誠信書房、2015年)

『私の名前を知って』(シャネル・ミラー著、押野素子訳、河出書房新社、2021年)

『ウーマン・イン・バトル：自由・平等・シスターフッド！』
　(マルタ・ブレーン著、枇谷玲子訳、合同出版、2019年)

『持続可能な魂の利用』(松田青子著、中央公論新社、2020年)

『その名を暴け：# MeToo に火をつけたジャーナリストたちの闘い』
　(ジョディ・カンター、ミーガン・トゥーイ著、古屋美登里訳、新潮社、2020年)

『男も女もみんなフェミニストでなきゃ』
　(チママンダ・ンゴズィ・アディーチェ著、くぼたのぞみ訳、河出書房新社、2017年)

『難民高校生――絶望社会を生き抜く「私たち」のリアル』(仁藤夢乃著、ちくま文庫、2016年)

『女子高生の裏社会 「関係性の貧困」に生きる少女たち』(仁藤夢乃著、光文社新書、2014年)

『路上のX』(桐野夏生著、朝日文庫、2021年)

『性暴力被害を聴く「慰安婦」から現代の性搾取へ』
　(金富子、小野沢あかね編、岩波書店、2020年)

『婦人保護事業から女性支援法へ――困難に直面する女性を支える』
　(戒能民江、堀千鶴子著、信山社新書、2020年)

「ちゃんときいて受けとめて　視聴覚教材 DVD」(NPO法人 SSHP 全国ネットワーク、2008年)

『知っていますか？　スクール・セクシュアル・ハラスメント一問一答』
　(亀井明子編著、解放出版社、2004年)

『白書　スクール・セクシュアル・ハラスメント――実態・解決・防止-』
　(子ども性虐待防止市民ネットワーク・大阪編、明石書店、2001年)

『スクールセクハラ――なぜ教師のわいせつ犯罪繰り返されるのか』
　(池谷孝司著、幻冬舎、2017年)

『スクール・セクシュアル・ハラスメント　学校の中の性暴力』
　(亀井明子、岡明秀忠他、八千代出版、2019年)

第 2 章

性暴力の
犠牲になる
未成年者

07
性被害に遭う未成年たち

上間陽子（琉球大学教授）

● 沖縄・コザ市に生まれて

　わたしは沖縄本島のコザ市*1という地域で育ちました。大きな繁華街がある、割と困難が集中した地域で、暴力がすぐ近くにあり、暴力の連鎖の中で子どもが育つ環境を見ていました。性体験の開始が中学1年生ぐらい、それも対等な関係ではない状況で行われているという話もあって、わたしは地元を早く離れたいと思っていました。

　東京の大学院で学ぶようになったときに、「沖縄の若者の研究をしたほうがいい」とよく言われました。地元を離れてからも、ずっと気にはなってはいましたが、沖縄を研究対象にすることに抵抗がありました。沖縄を調査対象にして、自分のキャリアの手段にすることに、反発する気持ちがあったからです。

● 「女子高生の性的自己決定」が語られた時代

　その頃、1990年代の後半から2000年頃にかけて、いわゆる「コギャル」と言われるような10代の女の子たちを研究対象にした調査がよく行われていました。「援助交際」をしている女の子たちは、従来の性規範から自由になり、自分の意志で性の売買を行っているというようなことが、論壇をにぎわせていました。

　理屈としては納得できるけれど、本当にそうなのかという疑問がありました。

　「若者調査するなら東京で」と考えていたわたしは、「ナンパ待ち」が多いと言われる女子高校で調査をしました。そうすると見えてきたのは、「10代が性的な自己決定権を持って、自ら性の売買を行っている」という話だけではまとめられない状況でした。

＊1　1956年から1974年までコザ市、現在の沖縄市。

　たとえば、ひどい痴漢被害に遭ったことを、誰にも言わないで生きてきた子がいたり、無理やり性行為をされたけれど、「好きって決めたから、彼氏なんだよ」と自分に言い聞かせるように語る子がいたり、本当にそこに言葉通りの「自己決定」と呼べるものがどれほどあるのか、と思わずにいられませんでした。

　とはいっても、女子高校生の性被害の話を書くと、それはまるで「貧困ポルノ」みたいになってしまう、「女子高生＋性」というキーワードでくくられて、消費されるだけだという疑念を払拭できずにいました。どういう書き方であれば煽りの言説や消費される言葉にならないのか考えあぐね、結局、子どもたちの性をめぐる問題は書かないことを決めました。

● 死んだ女の子とその家族が責められた

　沖縄で仕事をするようになっていた2010年のことです。集団レイプに遭った中学生が自死する事件が起きました。集団準強姦容疑で加害者たちが逮捕されましたが、ネットではその女の子がすぐに特定され、顔写真も出て、彼女の家族もバッシングされました。その攻撃の理由が、「中学生がお酒を飲んでいた」「夜中に子どもがいないのに気づかない親は問題」という類のものでした。

　集団レイプされて、女の子が追い詰められて死を選んでも、女の子とその家族に落ち度があったことにされてしまう。こんなひどい性被害を前にしても、怒りの声が表に出てこない。同時に、今どうにか生き延びている他の事件の被害当事者たちも、こうした心ない被害者バッシングを聞かされている。

　その状況を前にして、沖縄で女の子の調査をすると決めました。子どもたちが学校にも家にも居場所がなく、夜の街に吸い込まれていく状況がなぜ生まれるのか。困難が集中した家庭に育つ女の子たちが、10代前半から水商

売や風俗で働くことになるのはなぜなのか。彼女たちの声を聞こうと思いました。

● 理不尽な暴力を許容してしまう

沖縄をフィールドにして、2012年度から2016年度までの調査を一つ、2017年からは二つめの調査を行っています。一つめの調査は、風俗業界で働いている若者を対象としましたが、調査のなかで、風俗調査のメインは、10代のシングルマザーたちであること、そして彼女たちが一人で子どもを産んで育てている場合に、大変シビアな問題があることがわかりました。二つめの調査では、若年出産した女性の実態に重点を置いて行いましたが、調査の76人中、51人が暴力を受けた経験があり、その割合自体は、一つめの調査と変わりがありません。ただ、今の調査では、女性たちが暴力を受けた経験を話すことができなくなっているように感じています。

たとえば、一つめの調査のときは、「暴行があった証拠写真を撮って友達に送った」「警察に行くときのために保存した」という話が出てくることがありましたが、二つめの調査では、暴行を受けたときの証拠写真を撮っていてわたしにも見せてくれるけれど、「これは友達に送ったの？」「警察へ行くときのため撮ったの？」と尋ねると、「違う。ただ撮っただけ」という答えが返ってきます。

一つめの調査では、地元にたくさん女友達がいてネットワークを持っているような「元気なヤンキー」タイプがいて、コミュニティがありました。でも二つめの調査では、「被害を伝える先がない」「そもそも被害を人に訴える気持ちを持っていない」女の子がいて、驚かされました。

● 安全で居心地の良い場所を子どもが知る必要

　こうした背景には、彼女たちが小学校時代から不登校になっているという状況があるように思います。たとえば学力テストに重点が置かれ、子どもたちの声を聞かない学校教育の中で、置き去りにされる子どもたちがいます。一人で育つということは、欲望や他者の存在が希薄になるということです。その子たちが、学校の中でコミュニケーションをとりたいと思う欲望を育てられることがなかったり、ネットワークを築くことができないまま思春期になり、家庭の事情もあって風俗の世界に入っていくことになると、騙されやすく、危険を危険と察知しにくい、無防備な状態で参入することになります。

　自分が働いていた店の中は、「すごく暗いから、顔バレしないですんだよ」と話す10代の子がいました。「そんなに暗くて相手のペニスが見えてるの？ プロは相手が病気じゃないか、コンドームをちゃんとつけているかチェックするもんだよ」と話すとキョトンとしていました。

　暴力団が出入りしている店で働く子に「大丈夫？」と聞くと、「わたしは怖い人も好きだから大丈夫だよ」と話します。でも比較的まともな店に移ると、「前の店はおかしかった」と気づくのです。だから、まず最初に必要なのは、誰かに自分の体験を語ることのできる力と、安全で尊重される場所を知ることです。

　安心・安全な場所で暮らした経験がない子は、不快感にも耐えてしまう傾向があります。言葉にしないと不快感は名づけることができません。だからまず、公的機関である学校が、子どもを受け入れる「安全で居心地の良い場所」であることが重要ですが、残念ながらその体験をしていない子どもがたくさん存在することは問題だと思います。

● 未熟な性をどのように守るか

　日本の現在の刑法では、性交同意年齢が13歳です。わたしが10代に話を聞いている中では、その年頃の女の子が一回り年上の男性と性行為をしているケースも見られました。調査をしていて痛感するのは、性教育の充実はもちろんですが、居住する県の条例や児童福祉法をしっかり教えることの必要性です。

　16歳の女の子は、仕事でとっていた客と付き合うようになり、「お前がこれまでしてきたことをオレがバラしたら、お前は捕まるんだよ」と脅されて、お金を取られていました。捕まるのは大人のほうなのに、彼女はそれを知りませんでした。最初から彼女たちを性的に搾取する大人たちだけではなく、支援者と名のるような大人たちでさえも様々なやり方で、巧妙に子どもを騙します。

　未熟でいられる期間に、彼女たちに安全・安心という体験をさせていく、自己決定につながる思考回路を育てていく方法を、考え続けないといけないと思っています。（談）

....

上間陽子（うえま・ようこ）
琉球大学教育学研究科教授。著書に『裸足で逃げる』（太田出版）、『海をあげる』（筑摩書房）など。

08
少女たちが
性犯罪の被害に巻き込まれていく

仁藤夢乃（一般社団法人 Colabo 代表）

● 緊急保護などの支援を行う Colabo

　Colabo（コラボ）では、虐待や性暴力被害に遭うなどした10代の女性たちを支える活動を行っています。夜の街で家に帰れずにいる少女たちへの声かけや、渋谷と新宿の夜の街で10代女性無料のバスカフェ「Tsubomi Cafe」を開催して、カフェでの食事提供や、一時シェルターやホテルでの緊急保護・宿泊支援、SNSなどからの相談への対応を行っています。また、児童相談所や警察、病院などへの同行、中長期的シェルターの運営なども行っています。2011年の立ち上げ以来、2500名以上の少女たちと関わってきました。

　わたしも中学・高校生だった頃、父親のDVや虐待、母親のうつ病、両親の離婚などから家が安心して過ごせたり、眠ったりできる場所でなく、街を徘徊する生活を送っていました。15年ほど前のことでしたが、わたしや周りにいた同じような状態の子に街で声をかけてきたり、ネットで接触をして来るのは、買春目的の大人や性産業へのあっせん者ばかりでした。

● 児童への性犯罪を「援助交際」と呼ぶ大人たち

　今も、現状は変わっていません。新宿や渋谷などの繁華街では、毎晩100人以上、性風俗やJKビジネスのスカウトや「パパ活」相手を探す買春男性たちが少女たちに声をかけています。彼らは、どこに困っている少女たちがいるのか、どんな言葉をかけたら彼女たちの信頼を得ることができるのかということもよく学び、彼女たちの存在を否定しない形で近づいていきます。

　スカウトは、「お腹空いてない？」「こんなところにいたら警察に補導されちゃうから、よかったら泊まっていきなよ」などと声をかけ、さらには「仕事も紹介できるよ」と誘って、食事や宿泊場所を提供して、性的搾取に斡旋しています。これは決して、少女たちのセーフティーネットではなく、女性

を商品化し、性的に消費したり、搾取したりする、人身売買です。

　SNS で「家にいたくない」と少女たちがつぶやくと、10分もすれば20人ほどの男性から「泊めてあげる」「サポートします」「うちに来たら？」などと応答があります。そうして少女たちと接触した男性のほとんどが、少女に性暴力をふるいます。加害者が少女にお金を貸したり、住まいを提供することを理由に、性行為や「売春」を強要することも頻繁に起こっています。街をさまよっている少女たちが、支援につながる前に、危険な状況に陥っているのです。

　日本では、児童買春が「援助交際」と言い換えられ、大人から子どもへの援助であるかのように語られてきました。「JK ビジネス」や「パパ活」なども、軽い言葉で「気軽な気持ちで足を踏み入れる少女たち」という文脈で語られますが、子どもへの性暴力について、性搾取について、性犯罪について、そんな呼び方をする国はほかにないでしょう。

　そこにあるのは「援助」や「交際」と呼べる関係性ではなく、「支配」と「暴力」で、人権侵害、人身売買です。「そうせざるを得なかった」と語る少女たちの背景には、社会福祉が機能していない現状があり、少女たちの性が商品化されるのも女性差別の社会的構造と長い歴史があるからです。

　少女の性の商品化の「需要と供給」は「買いたい人と、売りたい大人」で成り立っています。しかし、日本では需要を生み出す加害者、性購買者に目を向けることは少なく、多くの人たちが、「家出」や「援助交際」を子どもの非行問題として、子どもに責任を押し付ける扱いをしています。

● 公的支援からこぼれ落ちる少女たち

　一方で、困難な状況におかれた少女たちが公的支援を受けるには、とても高いハードルがあります。街で声をかけた少女に「保護じゃないよね？」

Colabo が 10 代の女の子を対象に新宿と渋谷でおこなっている無料カフェ「Tsubomi Cafe」

と、おびえた様子で言われたことが何度かあります。子どもを守るはずの機関で不適切な対応をされたり、大人に傷つけられたりした経験があるからです。

　子どもを保護する体制が、困難を抱える少女たちの実態と合っていないことも日々感じています。たとえば、児童相談所の開所時間は、多くが平日の日中のみで、8時半ごろ〜 17時ごろまでしか対応しません。金曜日の夕方、学校からの帰りに助けを求めて虐待から逃れたいと連絡した子に「月曜日に電話して」と職員が言ったり、保護のニーズが高まる土日や夜間に児童相談所に保護を求めても受け入れてもらえる体制になっていません。

　また、保護が大人の「管理」のためのルールに縛られて、子どもの学ぶ権利や、人権を奪うようなものになっていて、児童相談所に保護される際に入所する一時保護所に保護されている間は、学校に通えない場合がほとんどです。ルールは保護所によって違いますが、入所時に全裸になって身体検査をされたり、持ち物はすべて検査され、預かられてしまい、服は下着まで児童相談所が指定したものを着なければならなかったり、髪を黒く染めることを強要されたり、私語禁止のルールを破ったら体育館100周の罰をさせるケースもありました。

● 「大人に諦められた」経験

　一時保護の期間は、最大2カ月が基本とされていますが、日本では10代後半の子どもたちが使える福祉施設が少なく、特に「家出」や「性非行」と言われてしまうような、性的搾取の被害に遭った少女たちは拒否されてしまいます。そのため、行き先が見つからず、1年以上保護所で生活させられた少女もいます。多くの保護所では、「脱走防止」などのため、鍵が何重にも厳重にかけられていて、窓も開けられないようになっているところもありま

すが、子どもが「ここに来てよかった」と思えるような場所なら、「脱走したい」と思わないはずです。

　また、公的支援のあり方が「本人主体」ではなく、支援者や措置機関が主体であるかのような対応をし、子どもが大人の都合に左右され、本人の意思が尊重されにくい現状もあります。

　「そういう子たちは相談窓口に来ない」と、支援の現場でよく言われますが、様々なところで傷ついてきたのに、自ら相談機関を調べて、面談の予約を取り、交通費と時間をかけて相談に行くというのは、現実的ではありません。諦め感が強かったり、自暴自棄になったりしている子どもたちの多くは、「大人に諦められた」と感じる経験をしています。

● 大人が少女たちの声を聞いて

　少女たちの中には、自分の困りごとに気づいていなかったり、一緒に状況を整理する人がそばにいなかったり、その余裕がなかったり、「相談する」ということが思いつかなかったり、「逃げるな、甘えるな、お前のせいだ」などと言われて育ってきたことなどから、自分が悪いと思い込んでいる子もいます。

　大人たちが彼女たちの声を聞き、彼女たちに責任を押し付けるのではなく、この現状を放置してきた責任を感じ、社会の問題として共に声をあげ、少女を性的に消費し、搾取する社会を変えていかなければなりません。

仁藤夢乃（にとう・ゆめの）
　一般社団法人 Colabo 代表。中高生時代に街をさまよう生活を送った体験から、10代女性を支える活動を行っている。著書に『難民高校生』（英治出版、筑摩書房）『女子高生の裏社会』（光文社新書）など。

09
痴漢を許容する社会

田房永子（漫画家）

● 女の子が痴漢に遭うことは当たり前

　今から30年前。わたしが小学校高学年の頃、「そろそろそういう時期」みたいな感じで、「変なやつがいるから気をつけなさい」と母から忠告を受けました。「女は痴漢に遭うから気をつけなさい」という意味です。母の予告通り小学生の頃に痴漢に遭い、中学2年生からは痴漢被害に遭うことが「日常」に。触られるだけではなく、バイクでつけられたり、いきなり「写ルンです」*¹で写真を撮られたり、自転車のかごに卑猥な手紙を入れられたり、サドルだけ盗まれたり、とにかく「性的な視点を含んだ嫌がらせ」を毎回違う見知らぬ男から受けました。大抵は乱雑なものでしたが、たまに紳士な感じで丁寧に話しかけてくる者もいました。

　「さっき、駅前の本屋で立ち読みしていましたよね。おうちまで送りますよ」

　駅から15分もつけられてた、ということがわかってこちらには恐怖しかありませんでした。怯えて走り去ろうとすると「え？　なんで？　怪しい者じゃないですから（笑）」笑顔で追いかけてくる26歳くらいの男。こういうのも「痴漢」と呼んでいいんだ、とわかったのは最近のことです。

● 大人は何も教えてくれなかった

　学校に行けば同じような目に遭っているクラスメートがたくさんいました。泥棒なら、スリなら、犯人はお金が欲しいんだとわかる。だけど「痴漢（性暴力、性的嫌がらせ）」は何が目的なのかさっぱりわかりませんでした。

　親や教師に「なぜ痴漢は痴漢をするのか」と尋ねても、大人たちは「おかしなことをするやつはいるんだから仕方ない」「遭わないように気をつけなさい」「やられたら声を上げなさい」としか言いませんでした。まるで「痴

＊1　富士フイルムが 1986 年に販売した使い捨てのカメラ。

漢」は脈略なく現れる害虫のようなもので、害虫は出るんだから仕方ない、という感じでした。

　だから子どもに対して「害虫に出くわしたくらいでいちいち騒ぐな」「害虫が近寄ってくるような格好をして害虫を刺激するな」と注意したのです。「なぜわたしたちは痴漢被害に遭いながら生活しなければいけないのか」、その答えを知る権利があるはずなのに、大人は誰も教えてくれなかったのです。

● 次の世代に同じことを言いたくない

　32歳になった時、衝撃的な事実を知りました。

　「なぜ痴漢は痴漢をするのか」を、大人も知らないということです。子どもには言いにくいから大人たちが隠しているんだと思っていたけど、知らないから答えようがなかったのです。ゆえに「痴漢をするやつは性欲を我慢できないケダモノ」というポルノ的文脈で解釈され、半分人間ではなくなっている害虫扱いということで固定されていたのです。

　わたしの周りの人たちは、わたしと同じように「未成年があんな風に性暴力の被害に日常的に遭っていることを大人たちが放置しているのはおかしい」と感じていました。痴漢被害に遭う未成年の女の子たち、成人女性も、相変わらず何十年経ってもいます。それってつまり、わたしが中学生の頃に痴漢加害をしていた人が続けているか、新しい人たちが痴漢になっているということになります。

　自分が大人たちから言われたように、下の世代へ「あなたが気をつけろ」というのは絶対に言いたくないと思いました。痴漢はどうして痴漢をするのかを知っていないと、対策も取れないので、調べることにしました。

● 痴漢はなぜ痴漢をするのか

今から8～9年前の世の中ではまだ「痴漢は男性の性的興奮を刺激する挑発的な格好をした女性に性的興奮を刺激された男性が、飲酒などの理性を失う条件を満たした時に行ってしまう行為」と解釈されていました。

しかし、痴漢被害を受けているほうからしたら分厚いコートを着ていても痴漢される。触ったところで女性の体の感触はわからないはずで、「性欲が我慢できないという理由だけでする行為」とは思えない、というのがわたしの疑問でした。

その後、電車内の痴漢加害者だったという男性たちに話を聞いたり、文献を読んだり、痴漢目線を体験するために電車に乗ったりしました。元加害者男性が言う「被害女性のことは人間と思ってなかった」「この人を触ってもトラブルにならないだろう、と予想を立ててそれが実現した時の楽しさ」の意味やその感覚を頭に置いて、駅のホームに立って見ると、わかったことがありました。

● 「性欲で仕方なく」は間違い

痴漢行為は「魚釣り」にソックリだということです。ここに魚がいる、と予想を立てて、思った通りの魚が釣れた時の楽しさ。それは「やっぱり俺の読みは当たってた」という、俺が俺を賞賛する快楽です。予想以上の高級魚が釣れるかもしれない、という"ロマン"もあるでしょう。

そして痴漢の一番の要素は「反撃してこない相手を好き勝手するいじめ」であるということです。さらに「ギャンブル性」「スリル」もある、つまり複合的な快楽がふんだんに詰まっているレジャー的犯罪だということです。

そういったものはなかなかやめられなくて当たり前だと思います。常習性

がとても高く、狙いを定めて加害してくる男たちを「女に刺激された性欲が抑えられない男」と解釈し、社会は痴漢を続けることを容認することで野放しにしてきました。犯罪だから「野放し」という言葉は本来当てはまらないですが、根本を理解せずに被害者に「自分の身は自分で守れ」とだけ言う、それ自体が加害者に対して甘い社会づくりに加担しているのです。

● 少しずつ変化している

　警察までも同じ認識を持っていたので、結果的に日本社会全体で「痴漢」というものがなくならないように、守ってきたような形が続いていました。

　ここ3年ほどで一気に、痴漢加害者に対する社会の認識に動きがありました。「痴漢は仕方がないもの」ではなく、「被害者に非がある」ことでもなく、加害者側に問題ありそれをなんとかするのは加害者自身の責任であるという視点がようやく生まれ始めました。それでもまだまだ昔のままの感覚の人たちもいます。そういった人たちに正しい認識を持ってもらうこと、それも痴漢犯罪を撲滅するために重要な行動であると感じています。

田房永子（たぶさ・えいこ）
漫画家。著書に『母がしんどい』（KADOKAWA/ 中経出版）、『男社会がしんどい』（竹書房）などがある。

10
「教育」という場で起こる性暴力

亀井明子（スクール・セクシュアル・ハラスメント全国ネットワーク）

●「殴ってこいって言われたけど、俺は殴らへんで」

　25年ほど前、中学校2学期の終業式の日のことでした。わたしのところへ同僚の教師から「生徒が相談をしたいと言っている」という話がありました。2年生の女子生徒たちでしたが、部活動の顧問から、「腰を揉んで」とマッサージすることを求められたり、添い寝の状態で会話することを求められたりする。それが嫌だという相談でした。

　これは大変なことだと思い、まず女性教員たちに話し、事態を共有しました。けれどそこからが問題でした。学校長はまったく事態の深刻さを理解せず、対応を取らなかったのです。そればかりか、年が明けて始業式の日に学校へ行くと、「俺は同僚に売られた」と、当の教師がすごい剣幕でわたしに抗議してきました。

　その日から、わたしに対する嫌がらせが始まりました。運動部の男子生徒がわたしのところへ来て「（顧問から）先生を殴ってこいって言われたけど、俺は殴らへんで」と、明かされたこともありました。加害教員が生徒に暴力で脅してこいと言っているのです。生徒に罪を犯させる行為で、決して許すことはできないことでした。

　事態を訴えてきた女子生徒たちが不安がっているから、顧問を出勤させないようにしてほしい、子どもの教育を受ける権利を尊重してほしいと校長に訴えましたが、聞き入れてはもらえませんでした。そればかりか、「組織の人間なのに秩序を乱す行為だ」「仲間を売る！」などと、校長は声を上げた者を非難しました。この管理職のもとでは、まともな感覚の内部告発ができないのだな、そう思わされました。

　学校側の適切な対応が行われないまま問題が長引くにつれ、最初は理解してくれていた人たちからも「いつまでやってるの？」「まだこだわってる

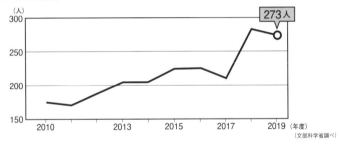

● わいせつ処分教員数

（文部科学省調べ）

の？」と言われるようになりました。

● 「中立」は加害者寄りになる

　それから３年後、当時から一緒に取り組んできた仲間とスクール・セクシュアル・ハラスメント全国ネットワーク（SSHP）を立ち上げました。わたしは2000年に退職し、相談や被害者支援、相談員の人材育成などに取り組むようになりました。北海道から沖縄まで、年間120〜130件ほどの相談が寄せられています。女子からの相談が多いですが、近年男子からの相談も増えてきています。子ども本人が電話をかけてくることもあれば、保護者からのこともあります。学校の教員や学校長からの相談もあります。学校からの場合、これからどう対応すればいいかというものが多いです。

　被害者を救済するための相談機関として貫いている方針のひとつは、加害者には会わないことです。スクールセクハラの加害者である教員たちは、自分に都合の良い言葉を口にします。子どもより大人の方が言葉巧みですから、それを聞いているとなんとなく「そうなのかな」と思ってしまうことがあり、つい加害者に寄ってしまうのです。加害者側と会う必要がある場合は、その教員を雇用・管理している学校や教育委員会、私学の場合は理事長等に面談を求めます。

　スクールセクハラは、教師と生徒という上下関係のある中で行われる性暴力・性的な嫌がらせです。この問題に中立という立場はないのです。完全に被害者側に立たないとぶれてしまいます。教育委員会も学校も中立に立とうとしますが、おのずと身内をかばおうとする力の方が強くはたらいてしまうのです。

＊1　文科省調査。全国の公立小中高が調査対象。それまで最多だった2016年度の56人を大幅に上回ったと報道された。
＊2　「文部省におけるセクシュアル・ハラスメントの防止等に関する規定の制定について　1999年3月30日」

● 新法ができて

　わいせつで懲戒免職になっても３年経過すれば教員免許の再取得可能という被害者や児童生徒にとっては大変理不尽な制度がありました。これは大きな問題だと受け止めていました。

　2021年５月、与野党議員立法で「教員による児童生徒性暴力防止法」（わいせつ教員対策法）が可決しました。この法の制定は、教育現場における性被害防止への大きな一歩だと思っています。

　対象となるのは幼児から高校生までの児童生徒。懸案であった教員免許の再交付については、各教育委員会が「教員免許再授与審査会」の意見を聞き、再交付の是非を判断することになりました。性暴力によって教員免許を失効した者のデータベースを国が整備するともあります。

　教員免許の失効によって再取得することができなくなると、職業選択の自由が制限されることになると問題視する意見もありますが、被害者になった児童生徒の教育権を奪い、時には生きる権利までも奪う性暴力に関してそのようなことは言ってられないのではないでしょうか。

　憲法で保障された権利は、無制限に認められるものではありません。性犯罪の再犯率が高いという事実があり、児童生徒や保護者の思いを考えれば、職場復帰の機会がそう簡単に与えられてしまっては困ります。さらに重要なこととして、防止法では、性交やわいせつ行為だけでなく、「服の上からで触る」という行為や、「性的羞恥心を害する言動」なども性暴力とされています。

　2019年度にわいせつ行為などで処分を受けた公立の小中学校教員は＊1計273人で、過去最多となった2018年度の283人に次いで多かったことが報道されました。しかし、その数字だけを見ているのでは実態はわかりません。数字の背景に隠れているものの方が多いからです。たとえば、処分された教

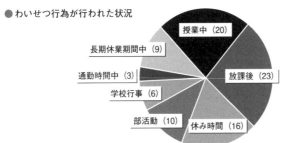

● わいせつ行為が行われた状況

授業中（20）

長期休業期間中（9）

通勤時間中（3）

学校行事（6）

部活動（10）

放課後（23）

休み時間（16）

（文部科学省の 2019 年度調査から）

員が起こした問題が 1 件とは限りません。問題を起こすたびに学校を替わって、そこでも事件を起こしている状況がこれまで見過ごされてきました。

1999 年、文科省は男女雇用機会均等法を援用する形で、各自治体の教育委員会にセクハラ防止について積極的に取り組むように通達*2 を出しました。この通達が出たことで、2000 年代中頃までに各都市で「セクハラ防止規定」の制定が進みました。これは良い動きでしたが「セクハラ防止規定」をつくって、すべての教職員が研修を受けたかといえばそうではありません。規定があることすら知らない校長もいて、地域ごとにばらつきがあります。

1990 年代と比べて、体罰に関してはかなり意識の変化があり、いじめや体罰の全国調査が行われていますが、スクールセクハラについては千葉、神奈川をはじめ秋田、静岡、大阪、高知などが取り組みをしているのみです（静岡、大阪は 2021 年度から実施）。早急に全国一斉調査を行う必要があります。スクールセクハラに関する意識の変化は遅いと言わざるを得ません。

●「スクールセクハラ」という言葉について

性暴力を含む事象を表現するのであれば、「スクールセクハラ」という言葉は軽い、甘いと批判を受けることもあります。しかし、学校内で起こっている事件は、「小さな行為」「小さな違和感」であるからこそ人に相談できない、という特徴があります。その「小さな行為」が徐々にエスカレートする前に対処することが必要です。また、「性暴力」や「レイプ」という言葉は使えないけれど「セクハラ」なら言える、という児童・生徒も多くいるのです。

被害は子どもたちだけでなく、教職員にも起こっています。新法は子どもが対象となりますが教員間のセクハラ（性暴力）も見落とさないようにしなければなりません。

以前、男子高生から「授業で教師が児童買春した話をした」「男だったら

やって当然、それが男の甲斐性だ」と言われ、嫌悪感を抱いたという相談がありました。このような話を授業でするのは、男性教師のセクハラです。この教師の人権感覚を疑ってしまいますが、言葉でも人は深く傷つきます。

　教師から子どもへの性的なハラスメント、性的な接触、誘惑、性暴力。このようなことが学校の中で行われていること自体が知られていませんでしたから、「スクール」を頭につけたのは正解だと思っています。多くの子どもがセクハラという言葉を使えるようになりました。権力関係にあるからこそ、たやすく児童生徒を支配下における。教員は権力を持っていることに自覚的でなければなりません。正にスクールセクハラなのです。

● それは「恋愛」ではない

　教師側が「本当に恋愛感情があった」と口にする場合があります。また、生徒の方が教師に恋愛感情を抱く場合もあります。たとえ真摯な恋愛感情があったとしても、教師の側は自分の感情を抑える義務があります。生徒と教師が「恋愛」をすることは、生徒側を混乱させ、非常に大きな負担をかけることを教師は知る必要があります。さらに言えば、上位にいる教師が生徒を「グルーミング（手なずけ）」「マインドコントロール」することはたやすいのです。大声で怒鳴ったり脅迫がなくても児童生徒は従わざるを得ないのですから。これが権力関係のある教員と児童生徒のセクハラを生んでいるのです。

　そして、学校は被害者支援の視点はもちろん、加害者を出さないための予防教育の必要性を知り、実践していくべきと考えます。

亀井明子（かめい・あきこ）
大阪の公立中学校教員を経て、スクール・セクシュアル・ハラスメント全国ネットワーク（SSHP）を立ち上げる。

11
レジリエンスを高める
身近な人の応急手当て

森田ゆり（エンパワメント・センター主宰、文筆家）

● 30年前の日本の「＃MeToo」

『沈黙をやぶって』（築地書館、1992年）＊¹は子ども時代に性暴力を受けた日本の女性たちの証言を集めた最初の本でした。今から30年前の1990年に「当事者の声こそが社会を変える力を持っている。あなたの声を」と新聞記事を通して呼びかけたところ、「わたしも」「わたしにも起きました」「わたしにも」と自身の性被害体験を語る手紙がとどまることなく届き、わたしたちを驚かせました。＃MeToo運動は日本でも30年前に始まっていたのです。

この本の中で、22人の女性たちが恐怖や怒りや苦悩体験を語ることで、性暴力のしじまをやぶりました。その背後には本に収録できなかった何百もの声がありました。

そして性暴力の沈黙をやぶるムーブメントが日本全国でゆっくりと広がっていきました。

沈黙をやぶる行動は必ずしも言葉でなくていい。音楽、踊り、詩、映像、アートなどなど。過去の苦しみは自分なりの表現手段を得た時、その人の生きる力＝レジリエンスの揺るがない核心になります。『沈黙をやぶって』に寄稿した人たちの中からも、裁判に訴えた人、本を出版した人、サバイバーのアート展覧会を開いた人、CAP（子どもへの暴力防止）プログラム＊²を学校に届け続けている人など様々な表現活動が生まれました。

● 6歳の女の子

10年以上前のことです。「DVと子ども虐待」をテーマで講演した後、壇上から降りたら、6歳ぐらいの女の子が両手にわたしの執筆した2冊の絵本『あなたが守るあなたの心・あなたのからだ』（1997年）と『気持ちの本』（2003年）＊³を抱えて待っていました。

＊1　『沈黙をやぶって──子ども時代に性暴力を受けた女性たちの証言＋心を癒す教本』森田ゆり（著）
＊2　CAP プログラム：Child　Assault　Prevention。子どもたちに「安心」「自信」「自由」の権利があることを伝え、いじめ、誘拐、性暴力など様々な暴力から自分で自分の身を守るためにできることを考える人権教育プログラム。
＊3　両書とも童話館出版。

「この本にサインしてください」

こんなに小さな子どもからサインを求められる機会は滅多にないので、感激でした。

「あなたの名前はなあに？」と聞きながら、その場でサインをしていると、大人の女性の声が横から聞こえました。

「母ですけど、この子は4歳のときレイプされました。でもこの2冊の本で自分を癒したのです」

驚いて、その子を見ると、ウンウンとニコニコしながらうなずいていました。

「そうかあ。4歳なんてとても小さな時に、そんなにこわいことをお母さんに話せたんだね。○○ちゃん。すごい。勇気あったね」と言って彼女を褒めまくりました。

○○ちゃんは嬉しそうに、2冊の本を胸に抱きしめていました。

● 心の応急手当て

その時、お母さんに向かって、わたしはこう言わずにはいられませんでした。

「この2冊の本じゃないです。あなたですよ。お母さん。
あなたが癒したのです。あなたと○○ちゃんが二人でしたことです」

わたしがそう言うと、お母さんは大きく目を見開きました。

「それが起きた時、きっとあなたは驚き、怒り、混乱したことでしょう。でも○○ちゃんに、『よく話してくれたね』と言葉をかけて、抱きしめたかもしれない。一緒に泣いたかもしれない。その全てが『心の応急手当て』でした。そして、どうすることが○○ちゃんにとってベストなのかを、きっと懸命になって調べたり、相談したり、学んだりしたのでしょう。そんな中で

この2冊の本に出会った。最初はお母さんが2冊の絵本を読んであげたのでしょう。そのうち〇〇ちゃんが何度も、何度も覚えてしまうぐらいまで読んだ。あなたがした全てが、〇〇ちゃんにとっては、どんな治療を受けるよりも心身の安心を回復する手当てだったのです」

● 身近な人の対応が「その後」を決める

　子どもの身近な人がなるべく早くに心の応急手当てをすることが、もっとも効果的な心身の治療です。父親から娘へなど家庭内性暴力の場合は特に、母親が娘の言葉を信じるか、父親の言葉を信じるか次第で、回復の大きな力になるか、あるいはトラウマの複雑化と悪化になるかが分かれます。

　以前、ある母親の相談を受けました。「実は、わたしの高校生の娘が1カ月前に、1歳年上の従兄弟からレイプされたようで、学校に行かなくなって、引きこもっています。誰かいいセラピストはいませんか」

　「娘さんの訴えにあなたはどう対応しましたか？」

　「最初は、信じられなくて。二人は小学生の頃は、大の仲良しだったんです」

　「あなたは、娘さんの訴えを信じていますか？」

　「はい」

　「だとしたらそのことを今すぐ娘さんに伝えてください。『お母さんは、あなたの味方だよ』と。そして彼女の気持ちを言葉にさせてあげるために、しっかりと聴いてあげてください。事実関係を尋ねるのではなく、ただ聴くのです」

　「それが、自信がなくて……。娘は部屋にこもっていて話をしてくれません。専門家が見てくれた後の方がいいかと思って」

　「セラピストを探す前に、まずはあなたでなければできない大切なことがあります。それは娘を信じていることをしっかり伝えること。最も身近なあなたが、最強のヒーリングパワーを持っているのです」

＊4　その他、森田の性暴力関連書：『沈黙をやぶって──子ども時代に性暴力を受けた女性たちの証言＋心を癒す教本』（築地書館）、『子どもへの性的虐待』（岩波新書）、『子どもと暴力』（岩波現代文庫）、新刊『トラウマと共に生きる：性暴力サバイバーと夫たち＋回復の最前線』（築地書館）

　初対面のセラピストの専門ケアよりも、母親や身近な人の温かい声かけや抱擁を子どもがどれだけ待っているか、それがどれだけ大きな回復の力を発揮するか。

　逆の見方をするならば、母親や身近な人の理解が得られないならば、そのトラウマは悪化するということです。それは二次被害という言葉では軽すぎるほどの深刻なダメージです。

● 「手当て」の意味

　「『手当て』という日本語には深い叡智がこめられています。たとえ最新の特効薬がなくとも、手を当ててもらうことで、傷ついた子どもの心身の回復は大きく促進されます。それはきっと手にこめられた相手の優しさと、自分を大切にしてくれるその心と気が、子どもの内のレジリエンスを発揮させてくれるからなのでしょう」（小冊子「心の応急手当〜子どもの虐待をなくすためにあなたのできる大切なこと」森田ゆり著　エンパワメント・センター発行）

　心の応急手当ての聴き方ステップを書いた拙著＊4『新・子どもの虐待』（岩波ブックレット、2004年）や『子どもへの性的虐待』（岩波新書、2008年）を参考にして、今すぐに始めることを助言しました。

　その母親から1年以上後に手紙をもらいました。紹介したわたしの本をガイドに、心の応急手当を実行してくれたこと、そのことをきっかけに、事件前から悪かった母娘の関係が大きく改善したことが書いてありました。

　「性暴力というおぞましい出来事から逃げないで、二人で向き合うことで、わたしたちの信頼し合う親子の絆が生まれました」

森田ゆり（もりた・ゆり）
エンパワメント・センター主宰、文筆家。長年、性暴力やDV、虐待、多様性、キッズヨーガなどをテーマに全国で研修を行う。

12
性的同意とは何か

栗原加代美（NPO 法人女性・人権支援センター ステップ理事長）

● DV は関係性の中で起こる暴力

DV（Domestic Violence）とは、直訳すると「家庭内暴力」ですが、より詳しく説明すると、「パートナーとの生活で日常化した、力と支配の主従関係」のことです。

相手を支配する道具として暴力を使います。この暴力には、身体的暴力のほか、言葉による精神的な暴力、性的暴力、経済的拘束があります。また不機嫌な態度で威圧したり、無視や否定、批判を繰り返す、「自殺する」と脅かすなどの行為によって、相手に恐怖を与えて支配していくのが DV です。

これは人権侵害であり、被害を受けた人は自分らしく生きられなくなります。自分の考えを恐怖のために言えなくなり、生活のあらゆる分野に、加害者による支配がおよんでいきます。

被害者の性格、生き方、性的嗜好、人格、好きな食べ物、好きな洋服、好きな色、趣味、友人関係、仕事、外出、お金の使い方などが、加害者よって支配されていくと、被害者は自分の好みもわからなくなり、考えなくなり、加害者の好みを被害者の好みと錯覚していきます。奴隷のように相手の機嫌をとり、自分を捨て、相手を喜ばすことだけをするようになります。

被害者はひたすら、この関係において悪いのは自分だと自分を責め、ストレスを感じます。また、「こんな悪い自分を養ってくれる人はこの人しかいない」と、DV 加害者と別れることを考えづらい心境になることも多くあります。

● 女性の 3 人に 1 人、男性の 5 人に 1 人に被害経験

2020 年の男女共同参画局の調査によれば、配偶者から暴力を受けた経験のある人は、女性の約 3 人に 1 人、男性の約 5 人に 1 人。結婚していないカップルの間の暴力はデート DV と言われていますが、女性の約 5 人に 1 人、男

＊1　内閣府：男女間における暴力に関する調査報告書。

性の約9人に1人に被害経験があります。女性の加害者も増え、同性愛者の間でもDVは起きています＊1。

　NPO法人女性・人権支援センター「ステップ」では、DVの更生プログラムを実施していますが、加害者がパートナーや子どもに逃げられた人も多く、もう一度やり直したいとステップの門をくぐる人は増えています。加害者が必死で自分を直す努力をしていくと、8割が変化して、もう一度温かな家庭を構築していきます。

● 性的DVとは

　様々なDVの相談がありますが、最初から性的DVについて相談してくるケースは多くはないのです。ただ、話を聞いていくとほとんどの場合、性行為の強要などの性的DVが起きています。性的DVとは、パートナーの同意なしで性行為を無理やり行うことです。この行為は性に関する歪んだ考え方が土台になっています。

　ステップでは性的DVの加害者に対し、1回目の面談で、加害者の性に関しての考え方を知るために、下記のような5つの質問を行っています。

①パートナーが性行為を拒否する時、怒っても良いと考えますか？
②パートナーが拒否しているのに強引に性行為を行ってもレイプにはあたらないと思いますか？
③パートナーが性行為を求めたら常に応じるべきであると思いますか？それがパートナーの役割だと考えますか？
④避妊に協力する必要はないと思いますか？
⑤けんかの後の性行為は仲直りの印であると思いますか？　相手は許していると思いますか？

鳥取での研修の様子

　ほとんどの加害者は前頁の質問にハイと答えます。この回答が提起する課題は性的同意なしに性行為を行ってもよいと考えている人がいること、まさに支配が性の分野にもおよんでいることを示します。この意識を変えていく必要があります。

● パートナーから性的同意が得られない時に

　誰にでも性行為を受け入れられない時があります。その例を２例あげてみたいと思います。
　①**体調が悪い時**。体調が悪いと断り逃げると「愛がない」と怒られ、恐怖のため、仕方なく同意なしに性行為を受け入れます。その行為によって、さらに健康が悪化することもあります。大切にされていないと考え、気持ちはますます、加害者から遠のいていきます。
　②**パートナーから暴力を受けている時**。愛されているとは思えなくなり、その行為を受け入れることがむずかしくなります。心と体は深く結びついていて、心が開かないと体も開きません。しかし、拒否すると怒るパートナーに怯え、暴力の後で性行為を受け入れます。すると加害者は暴力を許されたと勘違いして、暴力の後の性行為が習慣化します。
　このように、性的同意のない性行為を行うことによって、被害者は何重にも深い苦しみを味わいます。

● 性的 DV の事例

　一つの事例を紹介したいと思います。夫が避妊に協力せず、性的同意なしの性行為の末に二度の思いがけない妊娠で仕事ができなくなった女性がいました。「セックスしか脳のない女だ」と言葉の暴力で性行為をせまり、女性が抵抗をあきらめると、夫は受け入れられたと勘違いしていました。女性は

妊娠で仕事ができなくなったことで常にイライラがたまり、夫とけんかがたえなくなりました。

その後、夫はステップの加害者更生プログラムに、妻はステップの被害者回復プログラムに通い、二人の関係は回復してきました。女性は関係の変化を「セックス以外の時も夫がちゃんと顔を見て話を聞いてくれるようになりました」と話してくれました。

● 性的 DV からの解放

パートナーと良い関係を構築するには、相手の欲求充足を支援することが不可欠です。欲求充足には、どちらか一方が性行為がつらいと感じていたら、性行為を行わないという選択があり、一方で、パートナーへの思いやりで、性行為に協力することも欲求充足の支援として、否定されるものではありません。我慢やあきらめではなく、みずから進んで性行為を選択するなら、パートナーへの欲求充足の支援につながります。

性行為は日常生活で伝えられない思いやりを、スキンシップを通して伝える人格的な素晴らしい交わりで、性的な欲求のはけ口ではないのです。性的な関係が互いに満たされていくと二人の関係性はさらに良きものとなります。

栗原加代美（くりはら・かよみ）
NPO 法人女性・人権支援センター ステップ理事長。DV、虐待、ストーカー加害者更生プログラム講師。被害者回復プログラム講師など。

就活セクハラ

　就職活動中の学生が、企業関係者などからセクハラや性暴力を受ける、そんな「就活セクハラ」が社会問題として認識されるようになったのは、2019年です。2月にわたしたち Business Insider Japan がインターネットを通じて行ったアンケート調査では、約半数が就活セクハラの被害に遭ったことがあると回答。その直後、有名企業の社員・元社員らが強制わいせつや準強制性交等罪の疑いなどで立て続けに逮捕されました。

　なぜ、「就活セクハラ」が起こるのでしょう。800人超の web アンケートと、約50人の就活セクハラ被害者に対面や電話で取材したところ、場面として最も多かったのは、志望企業で働く社員に学生が話を聞きに行く「OB 訪問」でした。次が「面接」「インターンシップ」と続きます。

　OB 訪問は、人事担当者との面談や合同面接会では聞けないような企業の"ぶっちゃけ"話が聞けるなど、有意義な面もある一方、就業後の夜間に行われることも多く、バーでお酒を無理やり飲まされ、ホテルや家に連れ込まれたりして性被害に遭うといった深刻な被害が発生していました。

　被害の背景には、就活生と OB が簡単に出会える「OB 訪問専用マッチングアプリ」の存在もあります。アプリには、OB が企業の許可を受けずに利用したり、登録者の8割が男性など性別に偏りがあるものや、「十分な身元確認をせずに登録できるため、登録者が所属企業を偽っていた」というケースもありました。

　最も深刻なのは、被害者の多くが声を上げることすらできないことです。「内定がもらえなくなるかも」「OB 訪問も選考のうち。加害男性に採用の権限があると聞いていた」……。web アンケートでは、就活セクハラ被害者の7割が、周囲にも関連機関にも相談できなかったと答えています。ただでさえブラックボックス化しやすい就活。加えて学生と志望企業の社員という圧倒的な力関係の差が、就活セクハラを招くのです。

　わたしが話を聞いた被害者のほとんどが、当該企業の選考を辞退しています。就活自体ができなくなり、就職浪人したという学生もいました。将来の選択肢を広げるはずの就活が、学生から未来を奪っているのです。

　いま、企業や「OB 訪問専用マッチングアプリ」を運営する各社は厳格なルールを設けたり、国が企業に働きかけるなど、状況は少しずつ変わってきています。地域の労働局も被害の相談を受け付けています。就活セクハラをなくすために必要なのは、学生の自衛ではなく、企業関係者・関係機関が被害防止策を強化することです。被害に遭ったとしても、どうか自分を責めないで。大学はもちろん、信頼できる人や機関に相談してみてください。

竹下郁子
Business Insider Japan 記者。テレビディレクター、AERA
記者を経て現職。ジェンダーにまつわる問題を中心に取材。

第 3 章

性暴力をめぐる
課題

13
被害者がバッシングされる歪んだ社会

牧野雅子（龍谷大学犯罪学研究センター博士研究員）

● ネット記事のコメントと二次加害

インターネットで、性暴力事件を報じた記事についているコメントや、SNS で拡散された記事へのリプライを目にしたことがあるでしょうか。その中には、「夜遅くに出歩いていた被害者が悪い」とか、「女性の服装に問題があったのではないか」「冤罪じゃないか」といった、被害者を傷つけるような投稿が少なくありません。

インターネットでは、自分が誰であるかを隠して、ひどい書き込みをすることができます。だからでしょう、性被害に遭ったとつぶやいている人のアカウントに、相手を傷つけるような書き込みをしたり、そんなひどい書き込みやリプライに「いいね」を付けたりする人がいます。

それをされた本人はもちろん、そのコメントを読んだり、「いいね」を付ける人がいたりすること知った人たちも、つらい気持ちになります。性暴力被害に遭ったと書いただけで、こんなにも叩かれてしまうのなら、自分が被害に遭ったことは隠しておいた方がいいと思ってしまうかもしれません。

被害者に、被害の様子を根掘り葉掘り質問したり、あなたも悪かったんじゃないのと言ったり、大したことではないとか、早く忘れてしまいなさいなどと言うのは、被害者をさらに傷つける行為です。こうした言動を二次加害といい、被害者にとっては、もう一度被害に遭うのと同じくらいつらいことです。たとえ、言った人に悪気がなかったとしても、言われた人がつらく嫌な気持ちになったのなら、それはまぎれもない加害行為です。軽い気持でつけたかもしれない「いいね」も、二次加害なのです。

被害に遭った人には助けが必要です。それなのに、支援されるどころか、叩かれてしまうのはなぜなのでしょう。

● 性暴力神話

　性被害に遭うのは肌を露出した恰好をしているからだとか、嫌だったら全力で抵抗しているはずだというような、性暴力についての間違った考え方のことを、性暴力神話や強姦神話といいます。性暴力神話は、被害者に対して行われるバッシングの中にもよく見られます。

　若い男性は性欲が強いから性暴力を行うことはしかたがないのだという考え方は、性暴力神話の最たるものですが、男性はみんな性犯罪者予備軍だと言っているようでもあり、男性にとっても失礼な話だと思います。性被害に遭うのは若い女性だけだというのも、事実ではありません。男性も被害に遭いますし、女性が加害者になることもあります。どんな年齢の人も被害に遭う可能性があります。

　警察に被害を届けに行ったら、警察官から、そんな短いスカートをはいているから痴漢被害に遭ったんだとか、なぜ逃げなかったのかと、被害に遭った人の服装や行動に問題があったかのようなことを言われたという話も聞きます。とても残念なことですが、性暴力当事者と関わる仕事に就いている人の中にも、性暴力神話にとらわれている人がいるのです。

　どんな服装をしていても、どんな時間にどんな場所にいたとしても、相手が知らない人であろうと友達であろうと、性暴力被害に遭っていいはずはないのです。悪いのは加害者。こんな当たり前のことを、改めて言わなければならないなんて、おかしいと思いませんか。

● 被害に遭わないように注意しても……

　警察や学校から、「防犯ブザーを持ちましょう」「明るく人通りの多い道を通って帰りましょう」「電車に乗るときにはなるべく女性専用車両を利用し

フラワーデモで掲げられたプラ
カード「＃性暴力被害者への蔑視
を許さない」

ましょう」といった、被害に遭わないための呼びかけが行われます。これら
は、被害を防ぐためには役に立つ情報ですが、被害に遭ってしまった人に
とっては、「被害に遭ったのは注意をしなかった被害者が悪いのだ」という
被害者バッシングにもなり得ます。

　どんなに注意していても、被害に遭ってしまうことがあります。そもそも、
被害に遭わないように、24時間警戒して生活をすることは不可能です。被害
に遭ったとしても、それは被害者の注意不足ではなく、加害者が悪いのです。
決して、被害者が警戒をしなかったから被害に遭ったのではありません。

　現実には、学校の先生や友達など信頼している人や、家族からの性暴力も
珍しくありません。そんな人からの被害は、注意をすれば防げるというもの
ではないのです。

　電車通学をしているある高校生は、頻繁に痴漢被害に遭っていたので、も
う被害に遭いたくないと、警察から渡された痴漢被害防止パンフレットに
載っていた注意を守り、混んでいる時間帯の電車に乗るのを避けるとか、女
性専用車両に乗る、怪しいと感じた人の近くには近寄らないことなどを実行
していました。すると、それを知った同級生の男子が、彼女に「自意識過
剰、お前なんか痴漢に遭わねえよ」と言ったというのです。

　同級生たちは、痴漢に遭うのは美人でスタイルのいい子だけ、だから彼女
は痴漢被害に遭うはずがないと言って、彼女の容姿をジャッジしたばかり
か、被害に遭ったという事実もうそだと決めつけました。被害に遭わないよ
うに注意して生活することすら、バッシングの対象になるのなら、いったい
彼女はどうしたらいいのでしょう。

● 被害者が声を上げやすい社会を

　被害を受けたことを話すのならバッシングを覚悟しなければならないよう

な社会では、被害に遭ったことを誰かに相談したり、助けを求めたりすることは簡単ではありません。被害を訴えないと、性暴力自体がなかったことにされて、加害者が責任を問われないことも問題です。被害者が安心して、相談や助けを求められる社会を作ることは、性暴力をなくすためにも重要なのです。そのためにできることのひとつが、被害者の口を塞ぐようなバッシングを許さないことです。バッシングに決して加わらないこと、誰かが話しているのを聞いたら、それは間違った考え方だよと指摘することが大切です。

　何十年か前まで、痴漢は性暴力だと考えられていませんでした。セクシュアル・ハラスメントという言葉もありませんでした。まだまだ不十分だとはいえ、性暴力をめぐって社会が変わってきたのは、被害に遭った人たちが声を上げ、行動してきたからです。声を上げる人も、それを支える人も増えています。一緒に、性暴力を許さない社会を作っていきましょう。

牧野雅子（まきの・まさこ）
龍谷大学犯罪学研究センター博士研究員。京都大学非常勤講師。社会学、ジェンダー研究。著書に『痴漢とはなにか　被害と冤罪をめぐる社会学』（エトセトラブックス）など。

14
痴漢という性暴力

杉本志津佳（性暴力を許さない女の会）

● 地下鉄御堂筋線事件をきっかけに始まったわたしたちの活動

「痴漢は犯罪です」── この言葉を書かれたポスターが駅や電車内に貼られ始めたのは、1994年のことです。ポスターの言葉は、今では当たり前のように聞きなれたものになったかもしれませんが、かなりの道のりがありました。

1988年、大阪で地下鉄御堂筋事件が起こりました。男性二人組が車内で痴漢しているのを注意した女性が逆恨みされ、因縁を付けられましたが、乗客や乗務員は女性を助けることはありませんでした。車内から連れ去られた女性は男たちにマンションの工事現場に連れ込まれて、レイプされたという許しがたい事件でした。

女性には「声を上げろ」「助けを求めろ」と言いながら、いざとなると誰も助けてくれない……。このような事件を黙って見過ごしてはいけないと、わたしたちは活動を始めました。

まず、電鉄会社に痴漢防止の対策を行うよう申し入れましたが、「痴漢もお客様」「不快に思うお客様がいる」と、「痴漢」や「性暴力」という言葉を使っての車内放送やポスターの掲示を拒否されてしまいました。

事件の翌年には、性暴力に甘い世の中の意識に問題提起をしようと『ザ・レイプ』（小説現代、1981年）という作品を発表した落合恵子さんを招いて「ストップ・ザ・レイプ」集会を開催しました。500人が入るホールが満員になりました。

この集会の案内が新聞に掲載されると、わたしたちの連絡先に性暴力被害についての相談が殺到しました。その当時、性暴力について相談できるところは日本ではたった一つ、民間のボランティア団体が運営する「東京・強姦救援センター」*1しかなく、多くの女性が相談窓口を求めていたのです。

その声に背中を押されるように大阪市内に事務所を借り、電話を設置し、継続して相談を受けることになりました。こうして「性暴力を許さない女の会」の活動が始まりました。

● 「性暴力を許さない女の会」という名称について

「性暴力」とは、性犯罪だけでなく、様々な形での力の差を背景にして、「性」を使って行われる暴力のことです。会を設立したときは「性暴力」という言葉はあまり一般的ではありませんでした。

女性の日常生活の中には、性的な不快感を覚えたり、恐怖を感じるような状況があふれているにもかかわらず、「性被害には必ず暴力・脅迫が伴う」「嫌ならば抵抗するはず」「強姦以外の被害は大したことはない」「被害者にも落ち度がある」……といった「強姦神話」(=性暴力に関しての現実とは違う間違った思い込み)の影響で、周りの人からの理解が得られにくく、当事者も「自分も悪かったのではないか」と自分を責め、被害と思いにくくなるような現実がありました。

そんな状況の中で、会の名称は、強姦だけに限定するのではなく、不快感や恐怖という女性の感覚を基準にした性被害全般に対応することを表し、わたしたちの姿勢をはっきりと示す「性暴力を許さない女の会」としました。

● 「個人のサポート」と「社会に働きかけること」

会の活動は、「性暴力被害者のサポート活動」と「社会に対して性暴力の問題を訴え、性暴力についての認識を変えていく」というふたつを柱にしました。

「個人のサポート」活動では週1回2時間の電話相談と裁判支援も行いました。広く報道されたものでは、「京大矢野事件」[*2]や「横山ノック事件」[*3]

〈1988年11月16日、毎日新聞の記事より〉

などがあります。裁判では、被害者が思い出したくないことを思い出して被害を証明しなければならなかったり、性暴力に理解のない裁判官や加害者の言動などによって大きな負担が伴います。裁判の支援では、「途中でつらすぎて裁判をやめたくなったらやめてもいい。あなたが回復することが一番大切」という姿勢で関わってきました。

　支援した裁判の中には、何年にもわたって継続した被害や監禁事件、抵抗することが難しかった被害などがありました。「なぜ逃げなかったのか」「なぜ抵抗しなかったのか」と被害者が責められるような場面も多く、性暴力被害者の心理や行動を理解していない関係者にどうしたら伝わるのか、支援する弁護士はもちろん、診断書や意見書を書いてくれる医師やカウンセラーとチームを組んで裁判に取り組みました。支援者のわたしたちは、当事者と専門家の間で、当事者の意思が大切にされるように橋渡しをするような役割を担いました。

　「社会に働きかけること」では、公開講座や発行物で性暴力被害についての情報を提供したり、性暴力を助長するような世の中の動きへの抗議行動を行ったりしてきました。

　1993年には御堂筋事件から5年たっても変わらない状況に対して、「ストップ・痴漢キャンペーン」として、アンケート調査を行いました。通勤通学途上の女性労働者、大学生、高校生を対象に1万2000枚のアンケートを配布、2,260枚を回収したこの調査でわかったのは、回答者の7割に痴漢被害の経験があるという結果でした。自由記述欄にびっしりと自分の経験を書いてくれた人も多く、女性たちが日常的に痴漢の脅威にさらされていることが改めて明らかになりました。

＊1　東京・強姦救援センター、民間ボランティ団体が 1983 年に設立。その後、1995 年に沖縄 REICO、2010 年に大阪 SACHICO がスタート。

＊2　京大教授による複数の女性に対する性暴力事件。教授は辞任したものの、復職や名誉毀損の損害賠償を求めて訴訟を起こした。1997 年にすべて敗訴が決定。

＊3　府知事に立候補していた横山ノックが選挙運動の手伝いをしていた女性に性暴力を行った事件。2000 年に強制わいせつ罪で有罪が確定。

＊4　ワンストップセンター。各県にある。

● 30 年、変わったこと・変わらないこと

　弁護士やカウンセラーと手探り状態で始めた活動も 30 年以上が経ちました。この 30 年の間に、たくさんの変化がありました。「痴漢は犯罪です」という言葉や、被害者に対する「あなたは悪くない」という言葉が多くの人に共有されるようになりました。民事裁判では被害者の心理や行動に理解を示す判決も増え、法律も不十分ながら少しずつ変わってきています。多くの当事者たちが声を上げ始めたことやワンストップセンター＊4 などの相談窓口が増えてきたことも大きな変化だと思います。これらは当事者をはじめ多くの女性たちの力で変えてきたのだと思います。

　一方で、「被害者がどれだけ抵抗したか」が問われる旧態依然の刑法は変わっていません。未成年の被害やインターネット・SNS を使った性暴力など、問題はより複雑化・深刻化しています。性暴力が女性にとってどういうものかという社会の認識は、根本的な部分では、まだまだ変化していないのかもしれません。会はこれまで、完全にボランタリーで、「できること・できないこと」の限界を考えながら活動を行ってきました。この先もわたしたちのペースで、女たちに、そして未来に、声をつないでいけたら、と思います。

> **杉本志津佳（すぎもと・しづか）**
> 性暴力を許さない女の会スタッフ。フェミニストカウンセリング堺所属フェミニストカウンセラー。なお、性暴力を許さない女の会は、2021 年 3 月で会の活動を縮小し、電話相談と機関誌の発行は終了した。公開講座は不定期で開催予定。

15
AV という性暴力

金尻カズナ（NPO 法人 ぱっぷす　ポルノ被害と性暴力を考える会）

● アダルトビデオに出演させられる被害

　ポルノ被害と性暴力を考える会（PAPS ＝ぱっぷす）の活動が始まったのは 2009 年。残虐な撮影を行なっていたアダルトビデオの監督が書いた中高生向けの「性教育」の本を、ある出版社が復刊すると決めたことに抗議を行ったことがきっかけでした。それからわたしたちのもとには、アダルトビデオ出演被害など性的搾取の相談が寄せられるようになりました。現在「性的搾取に終止符を打つために」性的搾取とデジタル性暴力[*1]の相談・支援活動をしています。最近では、年間 150 件以上の相談に応じています。

　みなさんは、急に「写真を撮ろうよ！」と言われて、カメラを向けられたとき、つい笑顔で応じてしまったこともあるはずです。あまり写りたくない気分でも、反射的に "ニコッ" としてしまう。これはどうしてでしょうか？

　この疑問の延長線上に、アダルトビデオ（AV）に出演させられた被害者の壮絶な実態が見えてくるのです。

　日本では、AV の出演は「本人が自分の意思で出演しているから問題ない」という意見が幅をきかせていますが、ぱっぷすへ相談に来る方々のお話を聞いていると、とても「問題ない」だなんて言えない悲惨な実情が浮かび上がってきます。

　多くの女性は、最初から AV に出たかったわけではありません。出演後ですら「出たくなかったのに……」と思っているのです。「ゆくゆくはモデルやアイドルになれるよ」といった勧誘の "キラキラ感" に惑わされて、結果として性的搾取に巻き込まれてしまうのです。

　性的搾取とはなんでしょうか？　それは、他者の利益のために、自分の性的同意が侵害され、自身をコントロールする力を奪われた状態のことを指します。性的同意が奪われた状態で撮影された AV が拡散することで、AV 被

害が発生します。性的同意には、性的行為の撮影や、撮影された映像を第三
者に閲覧させることも含まれています。

● 「買いたい人」「販売したい人」「商品になった人」

　性の売買をする「売る人」と「買う人」からすると、自分の意思で取引して
いるのだから、通常の取引と変わりない、まったく問題ないと思っています。
でも「商品になった人」の要素を加えると、見える風景がまるで違ってきます。
　「性行為は嫌だったけど、断りにくくて撮影されてしまった」「ごく限定の
販売と聞いていたが、身バレ*2必至の一般販売だった」「撮影を拒否するな
ら契約違反で、家族や学校に通知すると脅された」などといった、「商品と
なった人」からすると、販売者と購入者の両方から、様々な形で「性的同
意」が奪われ、人身取引と同様の扱いを受けています。
　本来、契約は対等な関係で行われ、契約の内容が真摯に履行されなければ
なりませんが、AV 撮影現場で契約以外のことが要求されないことはあり得
ないと言っても過言ではありません。契約書や出演料の支払いによって、本
人が持っている人権を放棄させられているのが実態なのです。
　本人は渦中いる最中には、受けている人権侵害に気づきにくいのです。こ
れは DV 被害と同じく「自分が選んだことだから」「自分さえ我慢すればい
い」「経済的な不安がある」などと思い込まされ、自分が被害者だと考える
力が奪われるという構図なのです。

● 断れない人が悪い?

　人は、事前にお金をもらったり、頼み事を叶えてもらったり、褒められた
後にお願いされると、相手の要求を断りづらくなります。SNS や街のスカ
ウトで出会った人に、個人的な話をしたり、相談に乗ってもらって感謝の気

持ちを感じていると、相手の立場が強くなり、相手の申し出を断りたいと思っても恩義や申し訳なさを感じて、断れないことがあります。

　こうした心理につけ込んで、断りづらい状況を作り出し、事務所まで連れていきます。事務所に隔離してしまえば「籠の鳥」も同然です。

　AVに出たくないと断っても、「それって、この業界にいる俺たちのことを差別してるの？」と、反撃してくることもあります。「人を差別してはいけない」という気持ちを逆手にとって、説得するパターンです。

　自分で自分がコントロールができない状況につけ込んで、親身になって相談する態度をしたり、金銭的な援助を申し出て依存させるパターンもあります。失恋や退職などの話を聞いたときにはこうした手法が取られます。

　特殊詐欺の被害を類推してもいいのですが、自分だけはだまされない、平気だと思っていても、「きれいな体だね」「このままじゃもったいないよ」「すばらしい、アイドル性抜群」「すぐアイドルで売れっ子になれるよ」「○○も最初はうちの事務所だったよ」などの「甘い話」で本人を動揺させます。そして、少しならいいか、やらないのは「損」か、という錯覚に陥り、性的シーンの撮影に応じてしまうのです。そして、アダルトビデオに映ったあなたの顔や体は永遠に消えることなく地球上に拡散します。

● 男性からの相談も

　ぱっぷすには、男性からの相談も寄せられます。ある男性は、ポルノ（AV）依存症で苦しんでいました。「今、電話越しで話している女性の声を聴いただけで、もしかしたら俺のことを好きかもしれない、性的に誘っているんじゃないかと思えてしまう」とのことでした。

　AVには、最初は嫌がっていたが最後は男性を受け入れるというストーリーのものや、被写体の女性が苦しい顔をしている過激なものも存在しま

す。これらの AV を視聴しながら射精して性欲が急低下した後、"なんでこんな動画を見たんだろう"と思ったことはないでしょうか。

　そんなとき、人はそれを正当化するために、被写体の女性は自ら撮影を望んで、受け取ったお金で楽しんでいる、などと思い込むことで自分自身を正当化できてしまいます。しかし、AV の撮影は決してフィクションではなく、現実にそれが起きているのです。撮られた映像で苦しんでいる人がいることをまずは知ってほしいと思います。

● あなたが戸惑い、悩んだときは

　好きな人から、一緒に AV を見ようと誘われる、性行為の様子を撮影したいと言われて困っている。付き合っている人が、AV 依存症になっているという場合もあると思います。

　一方で、自分が周りからどう見られているかが気になり、若さや性的なものに金銭的な価値があると信じ、自分を切り売りする方を選んだり、性産業がとてもキラキラした世界に見えてしまうこともあります。自分を魅力的に見せようと頑張ったり、誰かに認められたい気持ちを持つこと自体は誰にでもありますが、その先が性産業であったり、風俗業界である必然性はありません。

　いったん、その世界に入った後は、後戻りできないと思い込まされ、この業界でしか生きていけないと別な生き方を諦めてしまう人もいます。「ぱっぷす」には、同じ思いをした仲間の体験が積み重ねられています。困ったときや悩んだとき、まずは相談してください。その第一歩が性的搾取からあなたを解放します。

金尻カズナ（かなじり・かずな）
NPO 法人 ぱっぷす（ポルノ被害と性暴力を考える会）理事長。
AV 出演や性産業での被害、リベンジポルノ、子どもポルノなどのデジタル性暴力・性的搾取について相談・支援活動を行う。

16
マスコミが
性暴力を報道するということ

小川たまか（ライター）

● たくさんの性暴力報道を見てきた

　慰安婦問題について知ったのは、小学校高学年の頃、新聞の報道を読んで
でした。戦争中にはこんな恐ろしいことがあったのだと思いました。中学生
だった1993年には、ローマに旅行した女子大生たちが、現地の住民からレイ
プ被害に遭う事件*1がありました。この女子大生たちに対して著名マン
ガ家などが壮絶なバッシングを行い、メディアが書き立てたことを、うっす
ら覚えています。沖縄で3人の米兵が小学生をレイプした事件があったのは
1995年。抗議集会の写真が新聞に大きく載っていました。

　高校生の頃、新聞に性被害者を取材した連載記事が載っているのを読みまし
た。被害に遭った小学生の女の子が混乱して、きょうだいに性的な言葉を口に
してしまう描写や、被害者の女性と恋人の男性の歩みなど、複数の性被害者の
過去と現在を丁寧に書いた記事のことが、ずっと記憶に残っていました。

　横山ノック大阪府知事による強制わいせつ事件が報道されたのは大学に入
学した1999年のことです。このときの被害者バッシングもひどいものでし
た。2003年に発覚した、早稲田大学などの学生による集団強姦（いわゆる
「スーパーフリー事件」）は、1998年頃から常習的に犯行が行われ被害者は
数百人に上ると言われています。

　新聞やテレビで報道されるいろいろなニュースの中で、なぜ自分が性暴力
事件に特に関心を持っているのか当時はよく考えたことがありませんでし
た。今振り返ってみて、自分の日常の中にもまるで当然のように性暴力が存
在していたからなのだとわかります。

● 当事者とメディア関係者の「性暴力と報道対話の会」

　20代からライターの仕事をしていましたが、性暴力の取材を始めたのは

＊1　ローマ日本人女子大生 6 人強姦事件：1993 年 1 月ローマで起きた強姦事件。通称「カバキ事件」。

30代になってからです。そのときは、性暴力そのものというより、痴漢を怖がる女性に平気で「ブスのくせに」といった言葉が浴びせられたり、芸能人が起こした性犯罪事件がワイドショーで報じられたとき、コメンテーターが女性タレントに向かって「お前がやらせておけばこんなことにならなかった」と発言することなど、世の中の風潮やマスコミの取り上げ方に疑問がありました。

　わたしが子どもの頃から「セカンドレイプ」という言葉はあったのに、いまだにその意味が社会にそれほど浸透していないことにも驚きました。

　取材を始めてしばらくして、「性暴力と報道対話の会」という勉強会に誘ってもらいました。山本潤さんたち性被害の当事者らがマスコミの人たちと始めた勉強会で、報道による傷つきや二次被害をなくし、被害者理解と犯罪抑止につながる報道を考えようという意図があります。

　被害当事者が取材を受ける際には、記者が性被害の実態を理解しているかどうかなど、いろいろな不安や疑問があります。一方で、「自分の被害が報じられることで社会が少しでも良くなるのであれば」という被害者としての願いもあります。勉強会は、被害者の不安や報道する者との齟齬を減らし、未来につなげるための報道を考える場です。女性記者が多いですが、参加者には男性もいます。

　この会でわたしは新聞社やテレビ局の記者さんと出会うことができました。その一人が、朝日新聞の記者だった河原理子さんです。彼女は、わたしが高校生のときに読んだ連載記事を書いた記者でした。この連載は、『犯罪被害者』（平凡社新書、1999 年）に収められています。

　河原さんから、当時は今よりもさらに性被害の報道へのタブー視が強く、掲載を止められないよう社内に人がいない週末を見計らって記事を出したという話も聞きました。

性暴力の報道ガイドラインを検討しては

　「性暴力と報道対話の会」は志のある記者が集まっているという実感がありますが、とはいえ十数人の小規模な勉強会です。わたしが懸念しているのは、ひとたび芸能人が逮捕されるような注目度の高い性犯罪事件が起こると、その報道を行うのは、性暴力被害を普段から取材している記者たちではない場合も多いということです。

　もちろん、関心の高い記者だけが取材をすればいいということではありませんが、中にはまるで芸能人の熱愛報道かのように性犯罪を報じるメディアもあります。被害者への詮索や、ときにはバッシングも行われることがあります。

　性暴力・性犯罪事件が報道されたときに、「セカンドレイプにあたることはしない」という最低限のルールを守れるメディア関係者がどれだけいるでしょうか。残念ながら徹底されていないように思います。

　近年、芸能人の自死報道に際しては、相談窓口の掲載や自死方法を繰り返し報じないことなど、WHO のガイドラインに沿った報道が増えています。薬物依存症についても、当事者への影響に配慮した報道ガイドラインを提案する動きがあります。

　性犯罪についても、「被害者への詮索やバッシングを招かない報道」「相談窓口の明記」などの報道ガイドラインが検討されても良いのではないかと感じています。

こじれた縄を解きほぐす報道を

　報道が隠されることで、起こってくる問題もあります。2021 年に判決があった、ある性虐待の高裁判決では、検察側が提出した証拠がほとんど報じられませんでした。証拠のひとつが「処女膜（処女膜）の裂傷」であったことから、被害児童への配慮があり、報道しなかったのだと思います。

　この事件は一審で無罪判決が出ていたこともあり、報道を見た人の中には「証拠もないのに被害者の証言だけで有罪になるのか」といった反応をする人も出てきました。わたしは高裁の公判を傍聴しましたが、被害児童には軽度知的障害や自閉症スペクトラムがある中で、具体的な証言をしていました。「（被害後に）股の下の穴の近くに白くてぬるぬるする液体がついていた」といった証言の詳細が報じられないために、必死の証言がまるで価値のないもののように言われてしまうことにも歯がゆさを感じます。

　過去には、性犯罪の裁判をポルノのような娯楽扱いで記事にしたメディアもありましたから、その点での配慮はもちろん必要なことです。ただ、ポルノ扱いでもタブー視による自己規制でもない、こじれた縄を解きほぐすような報道が必要なのではないでしょうか。つまり、性被害当事者や被害そのものへの偏見を払拭するような報道です。

● 現在と未来に向けて紡いでいく

　様々な課題が山積しているとはいえ、希望もあります。新聞社では女性記者の割合が増え、それに伴って性暴力の報道が徐々に増えているように感じます（男性記者の中にも関心を持っている人はいますが、性暴力の問題に心を寄せているのは女性の方が多いです）。隠され続けてきた社会問題を顕在化させる機能を報道が果たさなければいけないと感じます。

　河原さんの記事がずっとわたしの心に残り続けていたように、発信をすれば必ず誰かが見つけます。さらに次につながることもあります。今すぐに届かなくても、数十年後の人に気づいてもらえることもあるでしょう。今の人たちへ、そして未来の人へ向けて、記事を発信していきたいと思います。

....

小川たまか（おがわ・たまか）
ライター。著書に『「ほとんどない」ことにされている側から見た社会の話を。』（タバブックス）。

17
被害者心理から考える
刑法の問題点

齋藤梓（臨床心理士、公認心理師）

● 抵抗できるか？　逃げられるのか？

　2021年現在、性犯罪に関わる刑法について、改正が話し合われています。どのような点が問題なのかを、見ていきましょう。

　まず、相手の意思や感情をないがしろにして行われる性的行為は、性暴力です。しかし今の刑法では、暴力や脅迫によって被害者が抵抗できない状態になっているなど限られた場合でしか、性暴力は性犯罪とはみなされません。広く判断される場合もありますが、判断が一貫していないように感じられます。実際には、暴力や脅しなどなくても、被害者が加害者に抵抗することは難しいことです。

　たとえば、マッサージ中に突然、性器を触られたとします。マッサージを受けている人は、とっさの行為に驚いて身体が固まって動けない「フリーズ」という状態になります。あるいは、家に帰るときに知り合いから「車で送ってあげるよ」と言われて車に乗って、人気のない場所で車を止められ、関係を迫られた場合、逃げられるでしょうか。抵抗しても、逃げようとしても、どうにもならない状況では、人は声が出なくなったり身体が動かなくなったりという「強直性不動反応（tonic immobility）」が起きます。フリーズも強直性不動反応も、加害者は暴力をふるったり、脅したりしていないのですが、それでも身体が動かない状態に陥ってしまいます。

　また、自分よりも立場が上の、逆らうと、学校や職場に居づらくなるかもしれない支配的地位にいる人から個人的に呼び出されたら、行かざるを得ない場合もあります。指定された部屋で二人きりになった時、突然体を触ってきたとしても、強く抵抗することは難しいかもしれません。このように、立場が上の人が、被害者を少しずつ追い詰めていって性暴力を行うことは珍しくありません。わたしたちの研究では、これを「エントラップメント」と名

付けました（齋藤ら、2021年）。

　恐怖によっても、力関係の上下によっても、社会的立場によっても、被害者は「フリーズ」「強直性不動反応」「エントラップメント」の状態に陥り、拒否を示すこと、抵抗すること、逃げることが難しくなるのです。

　相手の意思や感情を無視して行われる性的行為は性暴力であり、人に深刻な傷つきを与えます。

● すぐに被害だと気がついて、被害を訴えられるか？

　さらに、今の法律では、性犯罪には時効があります。強制性交等罪で10年、強制わいせつ罪で7年と決められています。この期間を過ぎると、相手を罪に問えなくなります。

　内閣府の調査（2020年）[1] では、無理やりに性交等をされた人のうち、被害を人に相談した人は36.6%であり、警察に届け出られた人は5.6%です。このように被害を警察に届け出られる人は、ごくわずかです。警察に届け出られない理由は様々ですが、自分の身に起きたことを性暴力だと認識できなかったという場合があります。

　たとえば、幼児が性暴力に遭った場合、自分の身に起きたことを正確に認識できません。思春期や青年期、あるいは成人の場合でさえ、性暴力は「見知らぬ人から」「突然」襲われる、あるいは、刑法の規定のように「暴力や脅迫を使って」性交されるというイメージがあり、性暴力の中で多くを占める「暴力や脅迫を使っていない」加害、身近な人からの加害について、それを暴力、被害だと気づくことができないのです。

　性暴力だと認識できなくても、自分の意思や感情を無視された他者からの性的行為は、深刻な精神的影響を与えます。多くの被害者が、「死んでしまいたい」「消えてしまいたい」と思うほどに苦しんだり、被害によって今ま

●同意のある性交のプロセス

尊重し合う
対等なコミュニケーションが
日常生活の中にある

• 女性は意思や拒否を伝えられる

• 男性は女性の意思を確認し尊重する

尊重し合う
コミュニケーションが
続く

同意のある
性交

齋藤・大竹、2020年

でできていたことができなくなって、思い描いていた人生を送れなくなったりします。それだけの影響をもたらすにもかかわらず、性暴力だったと気がついた時には、すでに時効が過ぎていて、警察に届け出ることができないというケースが少なくないのです。

「性交の同意」とは?

相手の意思や感情を無視した性的行為が性暴力なら、どのような場合が、意思や感情を無視していない、お互いに同意をしている上での性交だということができるのでしょうか。

単純に「はい」と答えること、「嫌だ」ということが、同意や不同意を表すわけではありません。そもそも両者の間に上下関係があり、「嫌だ」と言ったら学業や仕事に影響が出る場合には「嫌だ」と拒否することは困難です。このような支配・被支配の関係がある場合、たとえ相手が「はい」と言っていても、本来の同意ではありません。

「性的同意」の啓発に取り組んでいる「ちゃぶ台返し女子アクション」は、自作した『セクシュアル・コンセント（性的同意）ハンドブック』の中で、以下の3つが性的同意には不可欠だと説明しています。

● "No" と言える環境が整っている（非強制性）

●社会的地位や力関係に左右されない対等な関係である（対等性）

●ひとつの行為への同意は他の行為への同意を意味しない（非継続性）

つまり、お互いが対等であり、「嫌だ」と言っても自分には何のマイナスの影響もない場合に、初めて性的同意が成り立ちます。また、キスがOKだったからといって、性交がOKなわけではありません。ましてや、「家に

＊1　内閣府　令和2年度男女間における暴力に関する調査。
＊2　齋藤梓・大竹裕子編『性暴力被害の実際──被害はどのように起き、どう回復するのか』（金剛出版、2020年）。

二人きりだから性交していいはずだ」ということにはなりません。

　わたしたちの研究では、「同意のある性交」では図のようなプロセスがあることがわかりました（齋藤ら、2020年）＊2。つまり、お互い尊重し合う対等なコミュニケーションが普段からあること、たとえばデートで行く場所や食事などもお互いの意思を確認し合い、嫌なときは嫌だということができる関係があって、その延長線上で、性交についても同意を示すことができる関係があるということになります。

● 被害の実情に沿った法律、加害の深刻さが理解される社会へ

　「逃げなかった人が悪い」「誤解されるような行動をとったからだ」など、性被害の被害者を責める風潮があり、被害者も、自分自身を責めることが多いのが現状です。また、自分の身に起きたことを被害だと認識できず、何年ものあいだ、支援を求めることもできずに苦しみ続けます。

　自分の身に起きた出来事が性犯罪だと社会によって認められることは、「悪いのは加害者であり、自分ではない」という認識を持てることにつながります。また、加害者が裁かれることは、社会への信頼感であったり、自分は安全であるという感覚を取り戻すことでもあります。

　そのため、被害の実情に沿った法改正が現在の課題になっています。そして同時に、社会全体が性被害について理解を深め、被害者が被害に気がつき、適切な支援につながる相談しやすい環境を整備することが必要です。

齋藤梓　（さいとう・あずさ）
臨床心理士、公認心理師。目白大学専任講師。民間の被害者支援団体にて遺族や被害者の心のケアに携わる。

18
性犯罪裁判の問題点は
どのようなものか

寺町東子（弁護士）

● 「認知件数」や「検挙件数」にならない被害

　相手が望まない性的行為、相手の意思に反する性的行為は性暴力です。しかし、日本の現在の刑法では、性暴力のすべてが処罰の対象（＝犯罪）になるわけではありません。

　そもそも警察が被害届を受理しないことがあります。この段階で終わってしまうと犯罪統計の「認知件数」にすらカウントされません。あるいは、警察が受理しても形だけの捜査で「事件性なし」として捜査を終結してしまうと、事件は「認知件数」には含まれますが、「検挙件数」には含まれません。警察が検察に事件を送致すると、この段階で「検挙件数」にカウントされますが、検察が「嫌疑なし」「嫌疑不十分」として不起訴処分にしてしまうこともあります。このように、検察が加害者を起訴して刑事裁判になる前の段階で、不問に付されてしまう事件が圧倒的に多いのです。

　また、検察が「起訴猶予」として不起訴処分にする類型があります。これは罪にあたることは立証できるのだけれども、諸事情を総合的に判断して不起訴にしますよ、という類型です。多くは、被害者と示談が成立したこと、被害者が裁判を望んでいないことなどの事情から、不起訴にする場合に「起訴猶予」となります。

● 裁判員裁判の精神的負担

　なぜ、被害者が裁判を望まないことがあるのでしょうか。大きな理由の一つに、プライバシーが公開の法廷で晒されてしまうのではないかという、被害者側の危惧があります。

　さらに、検察が起訴する場合でも、裁判員裁判を避けるために強制性交等致傷罪・強制わいせつ致傷罪*1の「致傷（ケガを負った）」部分を罪に問わ

＊1 強制性交致死傷罪・強制わいせつ致死傷罪は、裁判員裁判の対象事件。強制性交罪・強制わいせつは裁判員裁判の対象外。
＊2 冤罪（えんざい）事件：無実である人が犯罪者にされてしまうこと。

ないこともあります。致傷を起訴することになると、裁判員裁判の対象になるからです。裁判員はその地域の選挙人名簿から無作為に選ばれるため、地域によっては被害者と裁判員が顔見知りとなる可能性が高くなり、被害者の精神的負担が大きいことに配慮するためです。

● 被告人から名前を知られてしまう問題

刑事裁判の場面では、被害者のプライバシーを守ること（日本国憲法13条の人権）と、公開の法廷で適正手続きに則った裁判を受ける刑事被告人の権利を保障すること（日本国憲法31条、32条、37条）との調整が必要になります。憲法が刑事被告人（加害者とされる人）の権利を厚く定めているのは、第二次世界大戦以前に国家権力の濫用による冤罪、獄中拷問死などの人権侵害が横行したことへの反省によるものです。戦後も数々の冤罪事件＊2が起こっていることから、冤罪を生じさせずに性犯罪を適正に処罰できるようにしていく必要があります。

まず、刑事裁判は、検察官が被疑者を起訴することによって始まります。この起訴状には、被告人の氏名その他被告人を特定するに足りる事項、公訴事実（いつ、どこで、誰に対して、何を、どのように、どうしたことを罪に問うのか）、その行為がどの罪名罰条に該当するのか、を明確に記載しなければなりません（刑事訴訟法256条）。

これは、検察官による国家刑罰権の行使に対して、被告人が防御するのに、実質的な不利益を生ずることのないようにする、という趣旨です。

ところが、見知らぬ被害者に対する性犯罪の場合に、起訴状に被害者の氏名や住所が記載されると、被告人（加害者）に被害者のプライバシーを知られてしまうという問題が生じます。

たとえば被告人が被害者のSNS上のアカウント名などしか知らない場合、

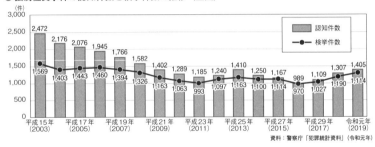

● 強制性交事件の認知件数と検挙件数の推移（全国）

資料：警察庁「犯罪統計資料」（令和元年）

アカウント名などで公訴事実を特定しても、被告人は防御に困らないはずです。

● 被害者のための「衝立」

　また、刑事裁判では、公開の法廷で検察官が起訴状を朗読することとされていますが（刑事訴訟法291条）、性犯罪に関しては、裁判所は被害者や証人を特定する事項（氏名・住所など）を公開の法廷で読み上げない旨の決定をすることができます（同290条の2、3）。

　刑事裁判で被告人が公訴事実を争うと、被害者や目撃証人などが裁判所の法廷で証言する必要が出てきます。その場合、被告人と顔を合わせることや、傍聴人に好奇の目で見られること自体が、被害者にとっては精神的負担が大きく、裁判を望まない一因となっています。

　そこで、法廷に衝立を設置して、被害者の姿が被告人や傍聴席から見えないようにしたり、被害者や証人は裁判所内の別室や別の裁判所などにいて、ビデオ撮影で尋問を受けるなど、被告人と接しないで済むような配慮がなされています（刑事訴訟法157条の5、6）。

● 証言者の負担を軽減する措置

　国によっては、被害者や証人が法廷で証言する負担を軽減するために、事件直後に被害者や証人の供述を録音録画しておき、この記録媒体を裁判に証拠提出することで検察側の主尋問に代えている国もあります。

　これは、刑事裁判は事件から一定の期間が経過してから行われることも多く、時間の経過によって記憶が薄れること、時間が経過した後に証言に呼ばれるとなると被害者の精神的回復に悪影響を与えることなどから、被害者の負担を軽減するための措置です。特に子どもの場合には、事情聴取を繰り返すこと自体が記憶の変容をもたらしかねないため、録音録画による立証の必

要性は高いのです。しかし日本では、被告人側が録音録画の提出に同意しないと、刑事裁判の証拠として採用されないのが原則です。こういった点について、現在法務省の性犯罪に関する刑事法検討会で議論が行われ、この度法制審議会で付議されました。

● 先入観・偏見の誤りをただす研修も必要

裁判での審理が終わると、裁判官や裁判員が裁判に出された証拠をもとに、被告人の有罪無罪、量刑を判断します。その際、裁判官や裁判員の先入観や偏見が問題になることがあります。

たとえば、「レイプは見知らぬ人から突然襲われるものである」という言説があり、裏を返せば「顔見知りの場合にはレイプではない」という先入観が存在します。しかし、内閣府の「男女間における暴力に関する調査」（平成29年度）によれば「異性から無理やり性交された」経験のある男女のうち、相手が「全く知らない人」と答えたのはわずか11.6％。80％以上が、家族や親族を含む知人・顔見知りからの被害でした。

あるいは、「本当に嫌なら死ぬ気で抵抗するはず。抵抗していないのは同意していた証拠」という言説があります。人間は強い恐怖に晒されたときには、瞬時に、闘うか、逃げるか、固まるかの反応を示すことがわかっており、固まった場合には抵抗すらできないのです。「死ぬ気で抵抗する」という言説は、人間の自然の動物的な反応に反するものです。

このようなレイプ神話といわれる先入観、偏見は科学的には誤りであることを、裁判官や裁判員に研修していくことも必要です。

寺町東子（てらまち・とうこ）
弁護士・社会福祉士・保育士。共著に『子どもがすくすく育つ幼稚園・保育園』『保育現場の「深刻事故」対応ハンドブック』など。

改正性犯罪刑法の課題

2017年に改正された性犯罪に関する刑法。110年ぶりとなる大幅な改正でしたが、検討会で議論された論点すべてが改正法案に盛り込まれたわけではありませんでした。その論点と、何が通ったか、通らなかったのかを見てみましょう。

【改正された項目】

●**非親告罪化**…強姦罪や強制わいせつ罪は改正前まで親告罪で、立件には被害者の告訴が必要でした。告訴を逆恨みした犯人が出所後に被害者を殺害する事件があったことなど、被害者にとって告訴の負担が大きいことから、非親告罪となりました。

●**構成要件の拡大**…それまで強制わいせつとして裁かれていた、肛門性交・口腔性交の強要が、膣性交の強要と同等に裁かれることに。これにより強姦罪を強制性交等罪に改称。「男性も被害者に」と報道されました。

●**量刑の引き上げ**…強制性交等罪（旧・強姦罪）の量刑の下限を3年から5年に引き上げ。一方、量刑の下限が4年（懲役4年以上）だった集団強姦罪が廃止に。

【一部改正された項目】

●**地位・関係性を利用した性的行為に関する規定の創設**…関係性を利用し、暴行・脅迫を用いずとも性暴力を行うケースがあることから検討。監護者（親権を持つ人など）による18歳未満の者に対する性的行為に関して監護者性交等罪を創設したが、雇用者と被雇用者などの規定は見送りに。

【改正が見送られた項目】

●**時効の廃止または停止**…性犯罪には7〜15年の時効があります。性犯罪の場合、被害の意味を理解して訴えるまでに時間がかかることがありますが、「証拠が散逸する」などの理由から時効の改正は見送られました。

●**配偶者間の性被害について**…配偶者（パートナー）からの性被害を訴えられることを理解している人が少ないことから、配偶者からの性被害を訴えることが可能であることを明文化する必要という議論がありましたが、見送りに。

●**暴行・脅迫要件の緩和や撤廃**…被害者が13歳以上の場合、抵抗できないほどの暴行・脅迫があったことを立証する必要があります。この要件を緩和もしくは撤廃する案は見送られました。

●**性交同意年齢の引き上げ**…本人の意思で性交に同意できると考えられる年齢が日本では13歳。「諸外国と比べて低すぎる」などの意見があったが見送られました。

改正が見送られた項目については現在も、被害当事者団体や支援者が見直しを訴え、2020年3月からはさらなる見直しのための検討会が法務省で開かれました。

第4章

過去から学ぶ
わたしたちはどれだけ
前進しているか

19
戦時性暴力　日本軍「慰安婦」

梁澄子<ruby>ヤンチンジャ<rt></rt></ruby>（一般社団法人「希望のたね基金」代表理事）

● 8月14日の「わたしは黙らない」

「わたしは黙らない。沈黙は加害者を喜ばせるだけだから」

今から20年前のコソボ紛争下でセルビア軍の性暴力を受けた被害女性、バスフィエ・ブレアさんの言葉です。しかし彼女はこの言葉の後、自らの被害体験を語ることができず、固く口を閉ざしてしまいました。20年経っても、性暴力の傷は癒えることがないのだということを強く印象づける「沈黙」でした。

2018年8月14日、韓国ソウルで開かれたシンポジウムでの出来事でした。この日、ソウルにはウガンダやコンゴ、イラクの紛争下で性暴力に遭った女性たちが集まり、自らの体験と現在の活動について語り合っていました。

なぜソウルなのか、なぜ8月14日なのか、そこには重要な意味があります。27年前、1991年8月14日、韓国ソウルで金学順という67歳の女性がカメラの前に立ち、日本軍の「慰安婦」にされた過去を告白したのです。これを機に、フィリピン、台湾、オランダ、インドネシア、東ティモール、マレーシアなど世界各地で日本軍の性暴力に遭った女性たちが声を上げました。そして翌年8月、韓国の支援団体と被害者が国連で直接訴えたことから、戦時性暴力は女性に対する重大な人権侵害で戦争犯罪なのだという国際世論が大きく広がっていったのです。

その後、金学順さんが名乗り出た8月14日を日本軍「慰安婦」メモリアル・デーとして記念することになり、このことを知った現代の戦時性暴力被害者たちが各国から韓国を訪れ、「慰安婦」被害者たちと会って思いを共有したのでした。それは、被害に遭った場所や時代が異なっても、性暴力被害者の思いは共通していることを示す瞬間でした。

● 戦後、長く封印されてきた「慰安婦」

「慰安婦」とは、1932年の第一次上海事変から1945年の日本の敗戦まで
の期間に、戦地や占領地に日本軍が設置した慰安所で軍人の性のはけ口にさ
せられた女性たちのことです。戦地での無差別な強姦による弊害、性病蔓延
による戦力低下、情報漏洩を防ぎながら兵士に「慰安」を与えて戦争を遂行
しようと考えた日本軍は、侵攻する先々に慰安所を設置しました。そこには
日本人だけでなく日本の植民地だった朝鮮と台湾から女性たちが騙されるな
どして連れていかれ、占領地の女性たちも大勢被害に遭いました。「慰安婦」
という名称は「軍人に慰安を与える」という、あくまで軍側の目線で付けら
れたもので、一日に数人〜数十人の軍人にレイプされた女性たちにとっては
地獄のような日々でした。

被害に遭った女性たちは、戦後もこの事実を胸に秘めたまま苦渋の人生を
歩みました。ところが戦争が終わって46年目の年に、韓国で一人の被害者
が公に名乗り出たのです。実はこの時、韓国ではこの問題が戦後半世紀近く
埋もれてきたことに異議を唱え真相を究明しようとする女性たちの運動が始
まっていました。被害者の声を聴こうとする人々が現れたことで、被害者は
重い沈黙を破ることができたのです。

● 被害者たちが求める真相究明と再発防止

各国で声を上げた被害者たちは、日本政府に被害回復措置をとるよう求め
ました。しかし日本政府は、未だ被害者たちの納得を得ることができていま
せん。この30年間に日本政府は何度か「お詫びと反省」を表明しています。
にもかかわらず、未だに問題が解決していないのはなぜなのでしょうか。

それを知るためにはまず、被害者たちが何を求めてきたのかを知る必要が

ドイツに設置された「平和の少女像」
〈2021 年、毎日新聞提供〉

あるでしょう。

　被害者たちはまず、加害国である日本政府が事実を正面から認めて具体的に表明することを望んできました。被害者にとって、加害者が事実を認めることは最も重要なことなのです。被害者の落ち度ではなく、被害者たちが自ら望んだことでもなく、戦争遂行のために日本軍がどのようなシステムの中に女性たちを陥れたのか、それらの事実を現政府がどのように認識しているのか、具体的に述べることを切実に願ってきました。そしてその事実に立脚して公式に謝罪すること、謝罪の証しとして賠償すること、さらに、二度とこのようなことが起きないように真相究明を続け再発防止のための教育を続けることを求めてきたのです。

● 「平和の少女像」が示すもの

　ところが日本政府はこれまで「お詫びと反省」というフレーズを繰り返しながらも、事実を具体的に述べるのではなく、かえって事実を歴史から消そうとするような行動を取ってきました。

　最近でも日本政府は各国に建てられている「平和の少女像」など、日本軍「慰安婦」関連の像や碑の撤去を求めています。「平和の少女像はあらゆる形態の暴力から保護するための約束である」（フランクフルト平和の少女像）、「戦争によるこのような暴力と犯罪が繰り返されないように」（シドニー平和の少女像）、「世界中で性暴力や性的人身売買を根絶するために建てられた」（サンフランシスコ「慰安婦」像）など、世界各地に建てられている日本軍「慰安婦」メモリアルは、日本軍「慰安婦」の悲惨な歴史を教訓にすることで、戦時性暴力の再発を防止し、女性に対する性暴力を根絶し、平和を実現しようとするものです。これに対して「日本政府の立場と相容れない」と言い、撤去を求めたのでは日本政府が性暴力の根絶を願う世界の動きに異議を

唱えていることになってしまいます。

● 「慰安婦」の記憶を継承していく必要

　反省しているのであれば、事実を教訓として記憶に留め、二度と繰り返されないように努力する姿を示さなければなりません。それこそが、勇気を奮って名乗り出て30年闘ってきた被害者たちの願いなのです。ところが、記憶すること、言及することすらも妨げる日本政府の言動は、被害事実をなかったものとして歴史から消そうとしているのだと、被害者および被害国から見なされてしまっています。

　「お詫び」や「反省」は、内実が伴わなければ口先だけのものと思われ、事態をさらに悪化させます。日本政府は、日本軍「慰安婦」被害者の心に届くような事実認定と謝罪を行い、積極的に記憶を継承することで再発防止に努めていかなければなりません。

梁澄子（ヤン・チンジャ）
　一般社団法人「希望のたね基金」代表理事。通訳・翻訳、大学の非常勤講師。1990年から日本軍「慰安婦」問題に関わる。訳書に『20年間の水曜日』（2011年、東方出版）、『咲ききれなかった花』（2021年、アジュマブックス）など。

20
災害時の性暴力

正井禮子（NPO法人女性と子ども支援センターウィメンズネット・こうべ）

● 被災時の DV 相談はわがまま？

　女性の人権を守り、男女平等社会の実現を目指して市民グループ、ウィメンズネット・こうべを立ち上げたのは1992年のことです。その2年後には、女性たちが仲間に出会い、元気になれる場として「女たちの家」を開設しました。夫からの暴力に悩む女性たちからの相談が入るようになり、駆け込み寺のような活動が始まりつつあったとき、1995年、阪神・淡路大震災が起こったのです。

　わたしたちは震災直後に「女性支援ネットワーク」を結成し、物資の配布や「女性のための電話相談」「女性支援セミナー」などの支援活動を行いました。電話相談に寄せられる内容の6割は、DVでした。地震で家や仕事を失い、さらに夫による暴力にまで苦しむ女性たち。その多くがこう言ったのです。

　「皆さんが被災して大変な時に、こんな家庭内のつまらないもめごとを相談するわたしはわがままでしょうか？」

● 大家族？　「めっちゃ腹立つねん！」

　震災後の神戸の街は本当に陰鬱な状態になり、避難所や仮設住宅などで性暴力が起こりました。避難所の責任者から「加害者も被災者や。大目に見てやれ」と言われ、現場を訪れた県の職員が驚いたという話もありました。

　学校の教室で複数の被災家族が同居している様子を、マスコミが「昔からの大家族のように助け合って暮らしている」と伝えましたが、本当にそうだったんでしょうか。「安心して服を着替えることもでけへん。めっちゃ腹立つねん！」と泣きながら話す女性や、「自宅の整理に帰っている間に、娘が同室の人から性被害に遭った」という母親もいたのです。

　震災の年の7月、神戸市内でシンポジウム「被災地における人権」が近畿

阪神大震災直後の避難所の様子
〈1995 年 1 月、神戸新聞提供〉

弁護士会の主催で行われました。配布された資料には「高齢者、障碍者、子ども、外国人」の項目はあるものの、女性の人権は項目になく、たった 1 行「女性への性暴力についての噂があったが、兵庫県警は 1 件もない、デマであると否定した」と書かれてありました。DV や性被害の深刻さが可視化されていなかったのです。

● 性暴力をデマと決めつけたマスコミ

「そこでしか生きていけないときに、誰にそれを語れというんですか？」

これは、震災から 1 年後、女性だけの集会で自身の性被害を語られた女性の言葉です。仮設住宅で隣人から被害に遭ったことを、警察にも誰にも言えなかったという彼女の声を聞き、当事者が声を上げられないのであれば、わたしたちが声を上げなくてはと思いました。1996 年 3 月、阪神間の女性団体が集まって「神戸・沖縄　女たちの思いをつないで～わたしたちは性暴力を許さない！」という集会を開きました。240 人もの女性が参加し、「女のNO は NO ！」などのプラカードを持ってデモ行進しました。

ところが……。こういった活動を知った一部のマスコミは、「被災地で性暴力はなかった」「証拠がない。すべてデマである」とわたしたちに対してバッシングを行ったのです。「もし性暴力が真実なら、それを明らかにしたことは被害者をさらに傷つけるセカンドレイプ」とも書かれました。

さらにそのようなたぐいのバッシング記事のひとつが雑誌ジャーナリズム賞を受賞し[*1]、それがすべての原因がどうかは不明ですが、その後、新聞やテレビは被災地での性暴力をまったく報道しなくなりました。その後、毎年のように被災地では防災フォーラムが開かれましたが、壇上に並ぶのは男性ばかり。女性たちが災害時にどのような困難を経験したかが問題とされることはありませんでした。

＊1 「新聞もテレビも週刊誌も踊った -- 被災地神戸「レイプ多発」伝説の作られ方」（与那原恵、文藝春秋、1996年）が、第2回編集者が選ぶ雑誌・ジャーナリズム賞作品賞を受賞。
＊2 1989年10月17日に発生したカリフォルニア州北部で発生した地震（サンフランシスコ地震）。死者は63人、建造物、高速道路が損壊。
A POST-EARTHQUAKE COMMUNITY NEED ASSESSMENT FOR SANTA CRUZ COUNTY
MAY 1990 UNITED WAY OF SANTA CRUZ COUNTY
（出典）＜資料集＞「災害と女性」～防災・復興に女性の参画を（ウィメンズネットこうべ発行、2005年）

● 震災時は見知らぬ相手からの性被害が増える

2004年12月、スマトラ沖地震が発生した直後、被災国では女性人権ネットワークが避難所などにおける女性の安全に関する実態調査を行いました。翌年2月、ニューヨークで開催された「北京＋10」会議で、その結果に基づいて「被災地での性的暴力（の対策）は重要課題である」と世界に提起しました。

わたしは被災地の女性たちの迅速、かつ勇気ある行動にエンパワメントされ「阪神・淡路大震災を女性の視点から検証しよう」と呼びかけました。2005年11月に「災害と女性」をテーマに集会を開き、その後は全国各地で講演活動を行ってきました。

この頃に知ったのが、1990年5月にアメリカのサンタ・クルーズ市がまとめていた報告書でした。「1989年の災害後の女性への暴力影響調査」＊2と題されたこの中では、次のようなことが報告されています。

①レイプは日頃は顔見知りからの犯行がほとんど。しかし災害時は行きずりの犯行が3倍に増えた
②地震は暴行が引き起こすのと同じ絶望的無力感を引き起こし、過去の性的暴行や性虐待のトラウマに苦しむ女性からの相談が25％増えた
③「子どもを守らなければいけない」などの過剰責任から児童虐待が顕著に増えた
④夫・交際相手による暴力（DV）が増え、保護命令の申請が50％も増えた

この報告書の結論として、「災害後、女性に対する暴力が増加することを予測しておくべきであり、防止活動が災害救援の中に組み込まれなくてはならない」と書かれています。報告書は全米、カナダの危機管理機関に送られ、高い評価を得ていましたが、阪神・淡路大震災の5年前にまとめられて

いたこの報告書の存在は、なぜか日本では知らされず、その提言が活かされることがありませんでした。

● 25 年越しの NHK 報道

2011 年 3 月 11 日、東日本大震災が発生。ミシガン大学の吉浜美恵子教授から「流言飛語（デマ）だと言われないためにも女性への暴力被害調査をしませんか？」という連絡があったことなどをきっかけに、調査を始めることができました。

この調査を進める際にも障壁がありました。避難所や仮設住宅の運営がほぼ男性で占められていて、性暴力の調査について理解を得ることが極めて難しかったのです。これは今後、改善すべき課題です。

やっと出来上がった調査報告書を軸に、2020 年 3 月、NHK が証言記録「埋もれた声　25 年の真実〜災害時の性暴力」という番組を制作しました。支援物資の「見返り」として加害を行う「対価型性暴力」があったことなどが報じられ、放映後大変大きな反響がありました。この番組制作と放映を後押ししたのは、2019 年 4 月から全国に広がったフラワーデモのうねりだったと考えています。フラワーデモ神戸の集会で、参加者たちから毎回のように聞く「あったことをなかったことにしたくなかった」という言葉に、25 年前のバッシングで受けた心の傷が癒されるのを感じています。

防災は日常から始まります。災害時の性暴力をなくすためには、平時におけるジェンダー平等が不可欠です。これからも、同じ思いの人たちとゆるやかにつながって社会を変えていきたいと思います。

正井禮子（まさい・れいこ）
NPO 法人女性と子ども支援センターウィメンズネット・こうべ代表理事。1995 年の震災をきっかけに、DV や性暴力などの被害女性と子どもの保護、その後の生活再建を支援している。

21
セクハラと性被害の連続性

牟田和恵（大阪大学大学院教授）

● 「セクハラ」の誕生

　今では「セクハラ」という言葉は小中学生にもよく知られています。日常の会話で「それってセクハラだよ！」と言ったことがあるかもしれません。きっと、性にかかわる言葉をかけられたり、容姿や服をからかわれたりして、「嫌だ、やめて」という気持ちで発したのではないでしょうか。自分の望まない性的な働きかけをされること、そしてそのせいで仕事や勉強がしにくくなったり、環境が損なわれたりすることをセクハラと言います。

　セクハラは、英語のセクシュアル・ハラスメント（sexual harassment）の略語で、アメリカで1970年代になって生まれ、日本では1980年代終わりから普及した新しい言葉です。

　もちろん、セクハラという言葉が生まれる以前には、それによって不快な思いをすることがなかったわけではありません。遠い昔からいくらでもあったのですが、多くの場合、女性たちは、逆らうとまずいことになると嫌な思いをガマンしたり「仕方がないこと」とあきらめたりしてきたのです。

　それが、やっと70年代のアメリカで、望まない性的な言動には「嫌だと言っていいのだ」「ガマンすることなく働き続ける権利があるのだ」という意識や考え方が生まれ、「セクハラ」の言葉が誕生したのです。

● 「性的なこと」のワナ

　女性たちがセクハラに対してこれまで声を上げられなかったのは、仕事を失ったり不利益をこうむるのが怖かったからだけではありません。今でも女性が自己主張するのをよく思わない傾向が、残念ながら日本社会にはあります。とりわけ、性に関することについては女性は慎み深くなくてはならない、被害を受けたとしても、性について話をすることは恥ずかしい、まして

＊1　1960 年代にアメリカで始まり、それまで押し付けられてきた女性像からの解放を求めた。第一波フェミニ
　　　ズム運動とは、19 世紀の末から 1920 年代に欧米で盛んになった女性の参政権を求める運動。

や被害を公にして加害者を糾弾するなどもってのほか、という考え方が根強
くあって被害者に沈黙を強いてきました。このように被害を受けたこと自体
を恥ずかしく思わせる社会的圧力は、とても恐ろしいワナです。

　1960 年代以降、欧米や日本で起こった第二波フェミニズム運動＊1のなか
で、そうした性にまつわる女性への抑圧に対して抗議の声を上げよう、社会
を変えようとする動きが登場したことが、セクハラという考え方の誕生にも
つながりました。それから半世紀以上たって、その変化が社会全体にじゅう
ぶん浸透したとはまだ言えませんが、若い世代の意識はだいぶ変わってきた
のではないでしょうか。

● 性暴力との連続性

　セクハラというと、軽いエッチに過ぎない、笑いで済ます範囲の問題のよ
うに受け止めている人もまだいます。なにしろ幼い子どもでさえ見る「ドラ
えもん」には、しずかちゃんの入浴シーンがたびたび出てきて、しずかちゃ
んは戸惑い、困っていますがジャイアンたちは大笑い、という描写が繰り返
されているのですから、性的問題も「笑いごと」の範囲だと誤解している人
も多いのです。

　しずかちゃんは、自分の裸を見られて、笑いで済まされても平気なのでしょ
うか。お風呂に入っているのを同級生の男子に覗かれたり、そのことをクラ
スで話題にされたら、二度と顔を合わせたくないという気持ちになるのでは
ないでしょうか。あの連中と会うのかと思うと、気が滅入って不登校にさえ
なりそうです。

　身体は自分の尊厳の源です。女性であろうが男性であろうが、「お風呂を
覗かれる」「身体を見られる」というのはそれを掘り崩される事態です。そ
の後、トラウマになりかねません。それを「無邪気ないたずら」のレベルで

福岡セクハラ訴訟で記者会見を開いた弁護団〈1989年8月5日、時事通信提供〉

扱うのは、まぎれもない人権侵害です。

「痴漢」を笑いごと、「ちょっと触っただけ」「気にするほどのことでもないよ」のように軽視する風潮もいまだにあり、それを不快に思う人、嫌だと声を上げる人が、「おおげさ」「過剰反応」のような見方をされ、まるで被害を受けた側のほうが悪いかのようにされてしまうこともあります。

セクハラは、性的な行為がもたらす被害だけでなく、職場環境が悪化したり、それを告発することで仕事を奪われたりする、生活全般に被害を生んでしまう点でも深刻です。直接的な身体被害がないとしても、そのために会社や学校に行けなくとなると、とても深刻なセクハラになります。

セクハラは、性的な行為によって自己の尊厳や自由が侵されるという意味で、レイプや性的暴行のような犯罪と連続性があります。セクハラを軽視することは、性暴力全体を軽く見て、被害を矮小化することにつながるのです。

● 自分が被害に遭ったら

あなたがセクハラに遭ったら、可能ならまずは相手に「自分はそういうことをされたり言われたりするのは好きではない」ことをはっきり伝えましょう。ただしこれは、あくまでできれば、という前提です。NOと言いにくい関係の中で行われるのがセクハラの特徴ですから、直接、抗議するのは難しいこともあるでしょう。

でも、黙って受け入れていると、「平気なんだ」と勘違いされてその言動が続いて、ますますつらさが募っていきます。誰か相談できる人、あいだに入ってくれる友人、親、学校の先生などがいないでしょうか。今でもセクハラに無理解で「ウソでしょう」「気にしすぎ」などと、むしろ被害者を責めるケースもあります。運悪くそういう対応にあったとしても、あきらめない

できちんと話を聞いてくれる人を探してください。

● 被害を周囲で見聞きしたら

　被害の相談を受ける、セクハラを見聞きする、ということもあると思います。相談を受けたら、相手の気持ちに寄り添って、可能な範囲でサポートをしてあげてください。「あの人がまさかそんなことするはずがない」などと被害を否定するような対応は禁物です。

　誰かがセクハラされているのを見た場合、相手が先生や先輩、仕事先の人だったりすると、注意したら自分もにらまれたりするのではないか、と心配になるでしょう。

　でも、セクハラを受けている人の気持ちを考えてみてください。とても嫌な思い、怖い思いをしているのに、周囲の人は黙って見ているだけ……。誰も助けてはくれないんだ、と絶望的な気持ちになるに違いありません。性被害を目撃しながら黙っていることは、それを容認し加害者に味方して、そうした被害を今後も生じさせることにつながります。傍観は、加害への加担なのです。

　ですから、その場で、軽い言い方でも構いませんから、加害者に「それは問題のある言動だ」と伝えてください。その場では言えなくとも、被害者に「さっきは言えなくてごめんね、あれはセクハラだよ、大丈夫？」と声をかけ、他の人々にも協力してもらって、加害者の認識や行動を変える努力を試みることから問題解決に踏み出してください。

牟田和恵（むた・かずえ）
大阪大学大学院教授（社会学・ジェンダー論）。日本で「セクハラ」の語が広まるきっかけとなった福岡セクハラ訴訟（1989年提訴、1992年勝訴）の支援組織代表を務めた。著書に『部長、その恋愛はセクハラです！』（集英社新書）など。

22
ワンストップセンターの
必要性①

高見陽子（ウィメンズセンター大阪）

● 衝撃的な事件が起こった

1984年、ウィメンズセンター大阪設立のきっかけのひとつは、1980年に発覚した富士見産婦人科病院事件（埼玉県所沢市）[*1]でした。1000人以上の女性[*2]が、必要のない子宮摘出手術をされたという衝撃的な事件でした。

女性の身体と心を尊重してくれるクリニックがほしい。とはいえ、利用者であるわたしたちも当時はまだ女性の身体について知らないことが多く、学ぶ場所もありませんでした。身体についての悩みや疑問を話せる場所を作ろう、自分の身体を知り、コントロールすることを学ぼうという思いのもとに、わたしたちは「女のためのクリニック準備会」という名称で集まりを始めました。シンポジウムを開催したり、電話相談「女・からだ110番」を始めると、様々な声が集まってきました。「月経痛がひどい」「更年期障害に悩んでいる」といった身体の悩みはもちろん、DVや性暴力被害について語る人が多くいました。

● 噴き出すように語られた声

「夫から『お前は怠けている』と殴られた」「夫が避妊に協力せず、何回も中絶した」「セックスを拒んで夫から殴られた」「兄から性虐待を受けていることを親に言ったけど、お兄ちゃんがそんなことするはずがないと言われて……」「塾の帰りに連れ込まれてレイプされた」……。　性被害相談と銘打ったわけではなかったのに、女性たちが性被害の話を自然と始めたのです。初めて被害のことを話した人も多く、相談できる場所の必要性を感じました。

生まれたときの身体は男性で、心は女性という人からの相談もありました。「保険証が男性だけれど相談してもいいですか」と聞かれ、「あなたのセクシャリティが女性ならいいですよ」と答えました。「海外で性転換手術を受けたけれど、その後失禁が続いている」と訴えた彼女は、「医者からも好

＊1　誤診による子宮や卵巣の摘出手術など、理事長の無資格の診療が指摘され、理事長が医師法違反、院長が保助看法違反の容疑で起訴。理事長に懲役1年6カ月執行猶予4年、院長に懲役8カ月執行猶予3年の有罪判決が確定。1981年には被害者側が民事訴訟を起こし、1999年、東京地裁は「故意による病院ぐるみの不必要な摘出手術」「およそ医療に値しない乱診乱療」と断罪した。これに対して医師側が控訴したが、2004年、最高裁は4人の医師の上告を棄却5億1400万円の支払いを命じる判決が確定。
＊2　http://genderlaw.jp/otomo/inoue031414.html
＊3　ワンストップセンターは「病院拠点型」の他に、相談支援センターを拠点とする「相談支援センター拠点型」、病院と相談支援センターが連携する「連携型」がある。

奇の目で見られた」と傷ついていました。北海道や沖縄からの遠距離電話があり、「通話料は大丈夫？」と心配するほど長時間の相談が続きました。

● 自分の身体を取り戻すこと

その後、「女のためのクリニック準備会」はウィメンズヘルスセンター、ウィメンズセンター大阪と名前を変えて運営を続けてきました。2010年に性暴力被害者のためのワンストップセンター＊3「SACHICO（Sexual Assault Crisis Healing Intervention Center Osaka）」をつくるときに、これまでの経緯からウィメンズセンター大阪が10年間事務局を担当してきました。

性暴力被害者支援は、医師と支援員が一緒になって取り組むことが理想だと思っています。

1980年代と比べて今でも事件が起こるたびに女性たちは抗議行動などアクションを起こすけれど、議員にしろ各省庁にしろ決定権のある場所に女性の数が少ないですから、女性の声が通らない風潮はまだあります。

今の若い世代に伝えたいのは、自分の心身に興味をもって面白がって楽しんでほしいということです。「あなたの身体は大切なのよ」と言われてもピンと来ない人もいるかもしれない。見て、聞いて、触ってという、皮膚感覚・身体感覚を取り戻すことが、「わたしの身体に許可なく触ってはいけない」という自己感覚や自己肯定感につながります。一人ひとりが「わたしの身体もなかなかいいもんや」と思える教育が必要じゃないかと思います。

性被害に遭った人と、「あなたが悪いんじゃない。なぜなら……」ということを、一緒に考えていかなければいけないと思っています。（談）

高見陽子（たかみ・ようこ）
「女（わたし）の身体は女（わたし）のもの」をモットーにしたウィメンズセンター大阪で、相談・支援事業、啓発・研修事業などを実施。

ワンストップセンターの必要性②

楠本裕紀（産婦人科医師、性暴力救援センター・大阪　SACHICO）

● 日本で初めての 24 時間 365 日対応のワンストップセンター

　「性暴力救援センター・大阪　（Sexual Assault Crisis Healing Intervention Center Osaka：略称 SACHICO、以下 SACHICO）」は、2010 年に日本で初めて 24 時間 365 日対応できる性暴力被害者に対するワンストップセンターとして活動を開始しました。阪南中央病院内（大阪府松原市）に設置された病院拠点型ワンストップセンターで、阪南中央病院の産婦人科部長であった加藤治子医師が設立時から代表を務めています。

　わたしは産婦人科の医療を通して、レイプや性虐待あるいは DV の被害者と出会うことがあります。そういった方々に行き届いたケア・相談対応を通常の病院業務内で提供できるかというと、なかなか難しいところです。また、産婦人科外来の待合室に男性警官に連れられて被害者が来るというのは、被害者にとっても負担があります。そのような点から考えても、専門の機関は必要だと思っていました。加藤医師があるシンポジウムで「毎回の妊婦健診の際に助産師や看護師が話を聞き、そこで妊婦の DV 被害を見つけるようにしている」と話しているのを聞き、進んだことをやっている病院だと思ったのが阪南中央病院に勤務するようになったきっかけです。

● 1 歳未満から 80 代まで

　性被害に遭われた方が SACHICO に初めて来所された場合、SACHICO の支援員による聞き取りから始まって医師の診療が終わるまで 2 時間ほどかかります。被害時の状況などを伺い、これからどういう診察をするか説明をしてから身体の診察をします。状況に応じて緊急避妊対応・証拠採取・性感染症検査等を行います。警察官が同行している場合は本人の同意を得て証拠物

を提出し、診断書を書くこともあります。一方で、SACHICO の支援員が心理的サポートを含んだ相談対応に当たります。

　被害直後に来られる方もいれば、被害から何年も経ってから来られる方もいます。今まで SACHICO に来られた方々の年齢は 1 歳未満から80代までと各年代にわたります。少ない事例ですが18歳未満の男性被害者が来所されることもあります。この場合は、阪南中央病院の男性小児科医あるいは男性外科医の協力を得て診察を行いました。

　性被害に遭った当事者は、自己決定権を奪われた心理状況になっていることが多く、診療の際には、医師と患者が支配・被支配の関係にならないように、診察によりさらに負担や緊張を与えないように配慮しています。また、事後の対応で当事者の選択肢を奪わないように気をつけています。

● 性被害の対応をさらに充実するために

　ただ、日本ではまだまだ性暴力被害者への支援は足りていないのではないかと感じています。全都道府県に最低1カ所、ワンストップセンターを設ける目標は2018年に達成されましたが、各都道府県に1カ所でいいのかといえばそんなことはありません。また、病院拠点型が少ないのですが、これは性被害対応をおこなっても診療報酬がプラスされるわけではないため、病院側として手を挙げづらいという問題も絡んでいるように思います。

　支援が足りない問題の根本に、この社会が「性」を大切なものと捉えていないことがあります。性教育に力を入れず、むしろ「性」というものを隠すことに重きを置いている社会であるかぎり、性被害の抑止や性暴力被害者への支援も進まないのではないでしょうか。（談）

....
楠本裕紀（くすもと・ゆき）
　　　　産婦人科医師、性暴力救援センター・大阪　SACHICO 副理事長。

23
基地と性暴力
「あなたは悪くない！」

高里鈴代（強姦救援センター・沖縄 REICO）

● 世界の女性たちに出会って

　今から26年前の1995年9月、第4回国連世界女性会議が中国の北京で開かれました。第1回はメキシコ市（1975年）、第2回はコペンハーゲン市（1980年）、第3回はナイロビ市（1985年）。第3回目から10年目にあたるのが北京会議でした。世界中から約4万人の女性たちが参加した中に、沖縄からも71名の女性たちが、11のワークショップを準備して参加しました。

　沖縄には日本全体にある米軍基地の70％以上があり、駐留している兵士の規模も日本全体の70％にのぼります。米軍基地の駐留は、今から76年前の第二次大戦末期の米軍の沖縄占領にさかのぼります。

　米軍が沖縄に上陸して日本軍との地上戦場になってから、戦後もそのまま米軍占領支配になり、沖縄は日本から切り離されて日本国憲法の埒外に置かれ、基本的人権もない中で、特に女性や子どもたちの性暴力被害が起こっていました。北京会議への参加は、他の国の女性たちの運動と出会って、沖縄が抱える問題を解決するための知恵や力を得るためでした。世界中から女性たちが参加した北京会議は、「女性の権利は人権である。女性への暴力は人権侵害である。沈黙を破って声をあげよう！」と参加者の高揚した空気に満ちていました。

● 沖縄の現実に打ちのめされて

　帰国して那覇空港で知らされたのは、3米兵による12歳の少女に対するレイプ事件[*1]でした。わたしたちが北京で世界の女性たちの中にいるときに、沖縄では一人の少女が、恐怖と痛みの暴力の只中にいたことを知らされ、強い衝撃と後悔の念が起こりました。一刻も無駄にしてはならないと、わたしたちは少女と家族に呼びかける思いで緊急記者会見を開きました。

＊1　1995年9月4日、沖縄県に駐留するアメリカ海兵隊の隊員ら3人が12歳の小学生を拉致し集団強姦した事件。

　この事件をきっかけに女性・子どもの相談員、精神科医やカウンセラーが集って、被害者支援のための「強姦救援センター・沖縄　REICO」を1995年10月に開設しました。

　あとで知ったことですが、女性たちの緊急記者会見をテレビで見ていた富田由美さん（仮名）は、番組終了後も、ずっと泣き続けていたというのです。10年前の高校2年生のときに、3人の米兵に強姦されたことを、誰にも訴えることも相談することもできず、高校を卒業すると沖縄を出て他県で働き、やっと沖縄に戻って来た彼女が、記者会見を見たのです。

　由美さんは、もし、あのとき自分に勇気があって事件を警察に訴えていたら、米兵の性暴力が裁かれ、そのことで今回の事件は起きなかったのではないか、と激しく自分を責めていました。

　米兵の暴力は許さないと8万5000人が声を上げた県民大会（1995年10月21日に沖縄・宜野湾市にある海浜公園で行われた抗議集会）には、由美さんも参加しようと、県民大会行きのバスに乗ったのですが、会場近くのバス停で降りる勇気がなく、そのままバスに乗り続け、やっと決心して会場に向かったときには、大会が終わって人々が帰るところでした。大会に集った大勢の人々を見て彼女は安堵し、その後は女性への暴力をなくす運動、平和や人権問題に取り組むようになりました。

● 由美さんの知事への手紙

　しかし、事件は繰り返されました。2005年7月、10歳の少女が、米兵から強制わいせつの被害を受けました。この事件を新聞で読んだ由美さんは、眠れない思いの中で沖縄県知事に手紙を書きました。これは由美さんから県知事に送った手紙の内容です。

8万5千人が集まった、抗議集会
〈1995年、沖縄タイムス提供〉

　拝啓、沖縄県知事　稲嶺恵一様

　1995年9月に起こった米兵による少女暴行事件から10年、去る7月3日、またもや米兵による少女に対するワイセツ行為事件が起こりました。いったいいつまでこんなことが続くのでしょうか。いったい何人の女性が犠牲になれば、気がすむのでしょうか？

　稲嶺知事、あなたは95年10月に行われた県民大会の壇上にいらっしゃいました。あの日の気持ちをどうぞ思い出してください。まだ「たったの10年」しかたっていません。その10年の間にも、どれだけの女性が犠牲になったかわかりません。（略）

　わたしは被害者の一人として訴えます。わたしは、高校2年生のときに米兵によるレイプを受けました。学校帰りにナイフで脅され、自宅近くの公園に連れ込まれ3人の米兵にレイプされたのです。本当に怖かった。「もう終わりだ、自分は死ぬのだ」と思いました。何度叫ぼうとしても声も出せずにいました。そのとき米兵は「I can kill you」と言いました。「殺すぞ」ではなく、「殺せるぞ」と言ったのです。

　あれから20年以上の月日が流れたいまでも、わたしは事件による心の傷に苦しんでいます。被害者にとって、時の長さは関係ありません。被害を受けたその瞬間からいのちの尽きるまで、まるで寄せてくる波のように苦しみが押し寄せてくるのです。それは穏やかな波のようなときもあれば、嵐のように荒れ狂うときもあります。しかし、心の傷がなくなることはないのです。

　今回被害に遭ったのは、まだ小学生です。被害に遭った女の子の気持ちを考えると、いても立ってもいられなくなります。どれほど恐ろしかったことでしょう。（略）

　米兵達は今日も我が物顔で、わたしたちの島を何の制限もされずに歩いています。仕事として「人殺しの術」を学び、訓練している米兵達が、です。稲嶺知事、一日も早く基地をなくして下さい。（略）

● あなたは悪くない！

　由美さんが、性暴力の被害を警察に訴えなかったのは、当時、同じような事件が起こると、警察官が家々を回って周囲に聞き取りを行うからでした。聞き取りの中で、周囲に自分の被害が知られることを恐れたのです。

　REICO の相談を通しても、由美さんのように性被害を訴えずに沈黙していた人たちがいかに多いかを知らされます。たとえば、被害に遭った直後に警察に訴えた女性に対して、「防犯カメラに映っていたあなたの顔には怯えがなかった」と警察官が訴えを否定したというのです。当然、女性は納得できない気持ちを抱えていました。

　体を自由に動かすことが困難な女性が自宅で性暴力被害に遭ったことを訴えた裁判では、加害者は自分が青少年活動のリーダーなど社会的地位があることを強調して罪を逃れようとしました。このときは女性から REICO に裁判傍聴の要請があり、傍聴席を車椅子で埋めて裁判支援をしました。この事件は執行猶予無しの有罪が確定しました。

　わたしたちの社会は、まだまだ性暴力の被害に対して、その人の不注意や落ち度を指摘して、加害者よりも被害者自身に責任があるかのように思っている社会です。それを寛大に許している社会でもありますが、性暴力の被害に遭ったとき、必ず誰かに相談できるような社会にしていきたいと思います。

　あなたは悪くない！　このメッセージをまず伝えたいと思います。

高里鈴代（たかざと・すずよ）
「強姦救援センター・沖縄 REICO」代表。「基地・軍隊を許さない行動する女たちの会」共同代表。

24
MeToo 以前の、
当事者による告発

河原理子（ジャーナリスト）

● 被害者の声によって、少しずつ、世の中は変わってきた

「頑張って生きてようかなって今は思ってます」

「まあ、そういうことがあっても生きてっていいし、生きていけるんだなって」

これは、性暴力被害を経験した女性たちが、これまでの歩みをふり返り、研究者に語った言葉です。「昔の自分に言いたいことは何ですか」という質問には、「大丈夫だよ」「ほんとによく頑張ったね」と言ってあげたい、などの答えがあったそうです。2020年に出た『性暴力被害の実際─被害はどのように起き、どう回復するのか』（齋藤梓、大竹裕子・編著、金剛出版）という本に書いてあります。これは、「望まない性交」を経験した女性31人にインタビューするなど計51人の体験を分析した研究をまとめたもので、つらい経験を社会に伝えようとする人が増えてきた今だからこそ実現した研究かもしれません。

まだたくさんの課題がありますが、それでも少しずつ社会は変わってきたのです。被害を封じ込める力がもっと強かった時代から、アスファルトのひび割れから植物が伸びるように、被害者の声が伝わって支援が少し広がり、それによってより多くの人が話せるようになって……という繰り返しで、# MeToo の土台ができたのです。

● 性犯罪の刑罰は 21 世紀になって重くなった

今の刑法ができたのは明治時代の1907年です。それから90年以上、性犯罪の扱いに大きな変化はありませんでした。戦後、不良グループの暴力が問題になったころ、集団による性犯罪の規定がわずかに変わりましたが、大きな変更は21世紀に入ってから。それから法制度の変更が続いて、ようやく、

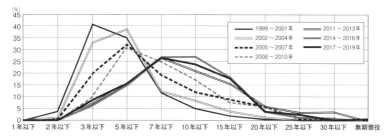

● 強制性交等致死傷（強姦致死傷）罪の量刑の推移

※法務省「性犯罪に関する刑事法検討会」資料より

根本的なこと、つまり、何を性犯罪とするのか、あるいは性的同意について、話し合えるところに来たのです。

21世紀の変化としては、まず、厳罰化があげられます。強姦罪（現在の強制性交等罪）の法定刑の下限は、懲役2年→3年→5年と、2017年までに2回引き上げられました。また、一般市民が裁判官とともに審理する裁判員裁判が始まると、裁判員裁判になった強姦致死傷事件の量刑（判決で言い渡した刑）が、ぐんと重くなりました。性被害の深刻さが市民に浸透したからだと言われています。裁判官だけで審理する強姦罪などの裁判でも、量刑は次第に重くなっています。

● 「一つひとつ異議申し立てをしていこう」

1988年、大阪の地下鉄御堂筋線で2人組の痴漢を注意した女性が逆恨みされて、男たちに連れ回されたあげく、レイプされるという衝撃的な事件が起きました。これを受けて関西の女性たちが「性暴力を許さない女の会」を作り、「もう黙っているのはやめよう」と声を上げたのです。集会を開いて、痴漢に遭ったりセクハラを受けたりしたときの驚きや嫌悪感、「隙があったのではないか」と自分を責めてしまった体験を共有し、「一つひとつ異議申し立てをしていこう」と話しました。

この会の人たちは裁判を傍聴し、「被害者は逃げようと思えば逃げられた」などと被害者を責めるような被告人側の主張に対して、怒りを表明しました。また、懲役3年6カ月という判決を、「不当に軽い」と批判しました。

当時、強姦罪の刑罰は懲役2年以上でしたが、強盗罪は懲役5年以上でした。「モノを奪う方が重罪なのはおかしいのではないか」と指摘する声がそのころからありました。同じ「懲役5年以上」になったのは、2017年のことです。

（住所や名前）を公開法廷で明らかにしないように裁判所が決定できるようになりました。

2008年
刑事裁判の被害者参加制度がスタート。

2009年
裁判員制度がスタート。強姦致死傷罪など性犯罪も一部が対象に。

2017年
〈刑法改正〉強姦罪が、被害者の性別を問わない強制性交等罪に変わり、「懲役5年以上」に。集団強姦罪は廃止。監護者性交等罪などを新設。性犯罪はすべて非親告罪に。

● 表に出にくかった被害の訴え

　被害を警察に訴えるにも、2000年までは制度上の大きな壁があったのです。強姦罪や強制わいせつ罪は、被害者が告訴しないと加害者を処罰できない「親告罪」でした。しかも告訴できる期間は「犯人を知った日から6カ月」に限られていたのです。被害者への理解も支援もまだ乏しいなかで、被害を訴えることはかなり困難でした。

　被害の潜在化を防ごうと、1996年に警察庁は性犯罪被害者への対応改善などに乗りだしました。神奈川県警は女性刑事3人のチームを作ったのですが、その性犯罪捜査係長だった板谷利加子さんに、手紙で訴えた女性がいました。連続強姦事件の被害者の一人で、それから始まった往復書簡は『御直披（おんちょくひ）』（板谷利加子、角川書店、1998年）という本になっています。御直披とは、あなただけに読んでほしい、という意味の言葉。板谷さん宛の手紙に書いてあったそうです。

　その女性は帰宅途中に被害に遭い、やっとの思いで警察署に行ったら、「処女（性体験がない女性）でもないんだからいいじゃないか」などと言われて体中の力が抜けたそうです。「告訴する力など根こそぎ奪い取られてしまいます」と綴っていました。

　真剣に応じた板谷さんとやり取りを重ねて、彼女は告訴するに至るのですが、告訴のタイムリミットを気にする様子が手紙に書かれています。

　1998年、性暴力の問題に取り組む弁護士たちが開いたシンポジウムで、板谷さんは大勢の相談を受けた経験を踏まえて、「一番苦労したのは、6カ月の告訴期間」だと話しました。「事件後、家から出られなくなってしまう被害者もいます。ようやく立ち上がったときにはこの期限を過ぎていることが多いのです」

● 性犯罪をめぐる刑法改正など

1907年 現行刑法ができ、強姦罪は「2年以上の有期懲役」で、被害者は女性のみでした。強姦罪も強制わいせつ罪も、警察官などに被害を話すだけでなく、「告訴」という特別の手続きをしないと加害者を処罰できない親告罪でした。しかも、告訴できるのは犯人を知った日から6カ月以内に限られていました（強姦致死傷罪や強制わいせつ致死傷罪は、刑がより重く、非親告罪でした）。

1958年《刑法改正》集団（2人以上）による強姦や強制わいせつは、非親告罪に。

2000年 性犯罪の告訴期間の制限（犯人を知った日から6カ月）を撤廃。犯罪被害者が公判で証人尋問されるとき①付き添い②遮蔽（しゃへい）措置（ついたてなどを立てて、傍聴人や被告人から証人の姿が見えないようにする）③ビデオリンク《別室から画面を通じて証言する》方式が可能に。

2004年《刑法改正》強姦罪が「懲役3年以上」に。集団強姦罪（懲役4年以上）を新設。

2007年 性犯罪などで、「被害者特定事項」を新設。

　このシンポジウムでは、被害経験者が3人、フロアから発言しました。「話そうとすると体がふるえてしまいます」と言いながら。

　こうした訴えによって、性犯罪の告訴期間の制限が撤廃されて（今では告訴自体が必要なくなりました）、性犯罪の被害者を法廷で保護する制度が2000年に実現しました。例えば、裁判で被害者が証言するときに、傍聴人などから姿が見えないようについたてを立てる、別室から画面を通じて証言する、カウンセラーなどが付き添う、といったことが可能になったのです。

● こちらを見て聞いてほしい

　自分の名前を明かして被害体験を公に語る人たちも出てきました。その一人で『性犯罪被害にあうということ』（朝日新聞出版、2008年）という本を出した小林美佳さんのもとには、2年5カ月で約3000人の被害者の声が電子メールなどで寄せられました。「性暴力は知らない人から夜道で突然襲われるものだ」という固定観念がありますが、この3000人の状況を見ると、知り合いから被害を受けた人が多く、親から被害に遭った人たちもいました。この実情を、彼女は2冊目の本『性犯罪被害とたたかうということ』（朝日新聞出版、2010年）で伝えました。

　こうして氷山が姿を現すように、被害者の姿が少しずつ見えてきました。

　2007年に取材したとき小林さんは、欲しいのは理解だと話していました。「被害者は恥ずかしい」と決めないで「こちらを見て、聞いてほしい」と。もしあなたが友達から被害を打ち明けられたら、どうしたらいいでしょう。どうか責めるようなことは言わずに、まずは、話を聞いてください。

河原理子（かわはら・みちこ）
　ジャーナリスト。東大大学院情報学環客員研究員。武蔵野大学客員教授。2020年春まで朝日新聞記者。

性犯罪に関する裁判の基礎知識

　裁判所で開かれる裁判には、刑事裁判と民事裁判があります。両方とも裁判に訴えることを訴訟といいます。

●**刑事裁判**…性暴力が起こった際、刑法に触れる犯罪行為があったと検察が判断した場合に加害者が逮捕されることがあります。警察官や検察官の取調べの後で、起訴・不起訴が決定します。起訴されると、裁判が始まります。起訴されてから裁判までの間、被告人が保釈（身柄の拘束を解くこと）を求めれば認められることがあります。

●**起訴率**…性犯罪の起訴率は高くなく、2015年から2018年までの4年間の起訴率（起訴人員数／検挙件数）の平均は、強制性交等罪が約36％、強制わいせつ罪が約39％です。裁判で被害を立証するハードルが高いことや、被害者にとって裁判での負担が大きいことがなどが理由と言われています。

●**被害者参加制度**…刑事裁判において被告人には私選もしくは国選で弁護士がつきます。被害者側に代わって被害を立証するのは検察官の役目ですが、現在では被害者参加制度を利用して、被害者が裁判に出たり意見を陳述したりすることができます。被害者参加弁護士からの支援を受けることもできます。

●**民事裁判**…加害者がわかっているのに刑事裁判に臨むことができなかった場合や、賠償責任を追及したい場合に、被害者が民事裁判を起こすことがあります。検察官の起訴によって始まる刑事裁判と異なり、民事裁判は原告側の提訴によって始まります。刑事裁判で不起訴になったケースでも、民事裁判で性暴力が認められることもあります。民事裁判の場合は双方に弁護士がついて争うことが多いですが、稀に弁護士をつけずに裁判に挑む原告・被告もいます。

●**控訴・上告**…地方裁判所や簡易裁判所で一審が開かれます。判決に納得できなかった場合、控訴をして認められると高等裁判所で二審が行われます。さらに上告が認められると最高裁判所で最終審が争われます。

●**示談**…逮捕された加害者から示談金を支払う、と申し出がある場合があります。示談とは基本的に当事者同士での和解を意味します。ただし現在、性犯罪は非親告罪なので示談をしたからそのことで不起訴になる、というケースばかりではありません。

●**裁判員裁判**…強制性交等罪（準強制性交等罪）や強制わいせつ（準強制わいせつ）は、裁判官による裁判が行われ、これらに致死傷罪がつく場合は裁判員裁判が行われます。裁判員裁判とは、国民から選ばれた一般の人が刑事裁判の裁判官となって判決を下す制度です。

第 5 章

性暴力のない社会を
つくるために

25
わたしたちは声を上げる

山本和奈（一般社団法人 Voice Up Japan 代表理事）

● 活動のきっかけとなった「ヤレる女子大生ランキング」

　わたしが、Voice Up Japan の活動を始めたきっかけとなったのは、2019年1月、週刊 SPA！（2018年12月25日号）の記事の中にあった「ヤレる女子大生ランキング」について抗議するための署名を集めたことでした。署名活動は大きく報道され、海外からもインタビューを受けました。

　出る杭は打たれる日本社会で、このままメディアによる女性の蔑視を放っておくわけにはいかないと思って始めた署名。当時の自分は、まさかあの活動が国際的に報道されるものになるとは、思ってもいませんでした。

　それまで日本で暮らす中で、意見を言うことがポジティブに捉えられることは少なく、どちらかと言うと「秩序を乱すな」という風潮があると感じていました。「ここをこのように改善すれば、待たされる人が少ないかと思います」とバイト先で提案しても、所属している団体で思ったことを発言しても、「今までこうしてきたから」と聞く耳も持ってもらえず、挙げ句の果てには「生意気」というレッテルを貼られたり「よくわかってないんだから発言するな」と言わんばかりの経験をしてきました。

　そんな経験が積み重なると、「卒業したら自分の個性が尊重される会社で働くか、自分の会社を起ち上げよう」と思いながら、海外で生活することを計画していました。

　ただ、毎日のように心の痛むニュースばかりが続きました。週刊誌などで性的に扱われる中高生の女の子、シングルマザーの「隠れ貧困」、虐待される動物、目を逸らしきれない情報にどうしていいか悩んでいました。

　その中で、目にとまったのが今回の「ヤレる女子大生ランキング」でした。この記事のことを知っても声を上げるつもりはありませんでしたが、このことに沈黙して、何もしな傍観者にはなりたくないと思い、行動すること

議員会館で差別禁止法の制定の必要性を話した
Voice Up Japan のメンバー（2020 年）

にしました。

● 一人の声から仲間が集まり、ムーブメントへ

どうしたら、こんなランキングを「大人」が企画できるのだろうという思いから、このランキングの問題を知って欲しいと署名活動を始めました。署名は最終的に５万筆以上が集まり、また、名前を挙げられたすべての大学当局が抗議声明を出しました。SPA！編集部は謝罪し、わたしたちとの「対話」に応じてくれることになりました。

メディアの注目が増えると同時に寄せられる声もどんどん増えていきました。自分の予想以上の展開になった頃に、「協力する、一緒に活動しよう」と声をかけられ、集まったメンバーたちとともに「Voice Up Japan」を立ち上げました。

一緒に闘ってくれる仲間や誹謗中傷を受けても「気にしないで、頑張ろう」と支え合えるチームのおかげで、たった一人の女子大生の署名活動が、１年半で80人規模の団体に成長することができました。

このときわたしは初めて、出る杭は打たれる社会でも「声を上げることに意味があるんだ」と思うことができました。活動に意味を感じました。声を上げることには、とても勇気がいるし苦しい思いをすることも、つらい思いをすることもありますが、一人が声を上げることによって、他の人が声を上げやすくなることもあります。

そして、他の人が声を上げると、さらにその「声」は拡散されていき、ムーブメントに変わっていきます。

● 今あることは、たくさんの声や行動の積み重ね

どんな過去の社会運動も、一晩で運動となったわけではありません。どの

国際的なムーブメントも、一人がつなげているわけではありません。一人の声が二人の声となり、二人の声が三人の声となっていき、拡散していく声が賛同を集め、声を上げやすい環境を作り出し、社会全体での行動となっています。

　たとえば、♯MeToo は、2006年にタラナ・バークが、性暴力サバイバーをエンパワー、そして連帯するために使い出した言葉が始まりと言われています。

　しかし、♯MeToo の原点、「性暴力のサバイバーをエンパワーする」運動は彼女が始めたわけではありません。その背景には、何十年も、何百年も前から苦しんだ人々の歴史、支え合ったサバイバーたちの過去があります。その過去が積み重なり、お互い支え合う風潮を生み出し、「性暴力サバイバー支援」などの草の根団体を生み出し、今言われる♯MeToo に成長していったのだと思います。

　たくさんの声を上げた人たち、現状を変えるために行動に移す様々な過程が、どのムーブメントの根本にもあります。

● 「声を上げる」とは、「聞くこと、届けること、拡散すること」

　「声を上げる」ということは、人の前で話すことだけを指すのではありません。Voice Up Japan は名前の通り「声を上げやすい社会」を目指す団体ですが、「声を上げる」と聞くと、「国会前でメガホンでシュプレヒコール」を思い浮かべる人もいるかもしれません。

　しかし、わたしたち Voice Up Japan にとって「声を上げる」こととは、物理的に声を上げるだけではなく、わたしたちの周りのコミュニティーの声を聞くこと、その声を様々な人に届けること、そして、様々な手段でその声を拡散することです。

　コミュニティーの声を聞くためには、アンケートなどの調査をして、分析したりする必要があります。声を届けるためにはたとえば、世界で活躍している様々なアクティビストの活動を、写真や動画、記事にする必要があります。記事を翻訳して、ウェブ上に上げ、写真を編集し、デザインを作ります。そしてその記事を、SNS やメーリングリストを使って拡散します。

　ここまでの作業を終えたら、今度はどれだけの人に届けることができたか分析する必要があります。

　わたしたちが「声を上げる」ためにしているのは、こんな作業です。

● 様々な声を上げ続ける

　一人だと、自分の声を届けるのに精一杯になってしまいますが、チームがいると、一緒に自分たち、そして自分たちの周りの声をより多くの人に届けることができます。

　Voice Up Japan は、多様なメンバーと共に声を上げやすい社会を作り、お互いに支え合いながらチームを作り合い、ジェンダー問題や人権問題、様々な差別に対して声を上げる団体です。

　「性差別を撲滅したい」「同性カップルにも同じ権利を」「セックスワークへの偏見をなくしたい」「レイプなどの性暴力をなくしたい」「学生に対するセクハラを禁止する社会にしたい」など、様々な気持ちを抱いたメンバーが、互いに支え合いながら、それぞれの「Voice Up」の形を見つけています。

山本和奈（やまもと・かずな）
2019 年、国際基督教大学卒業。一般社団法人 Voice Up Japan
代表理事兼株式会社 WAYVX 代表取締役。

26
キャンパスレイプを
なくすために

創価大学／BeLive Soka

● 「○○ちゃんって胸が小さいよね」
　……それって言っていいこと？

　みなさんは「○○って男なのに背が小さいね」や「○○ちゃんって胸が小さいよね」など自分の身体について言われたり、勝手に身体を触られたら、なんとなく嫌な感じがしませんか？

　これは、あなたの気持ちへの同意がなく、あなたが固有に持っている「境界線（バウンダリー）」を侵害されているからです。すべての人が主体となって性暴力を防止するために、「性的同意」という考え方を持つことが必須で、「性的同意」はあらゆる同意のない性的な行為から自分と他者との「境界線」を守るために不可欠の条件です。

　大学生を対象に行われた調査*1 によると、性被害に遭った大学生は643人中273人、43％という割合でした。また、大学生のワンストップセンターへの認知度はわずか13.7％であったと報告されています。これらの結果から、若者に対する性暴力が無視できないほど横行している実態、性被害に遭っても適切な支援を受けられる状況にはなっていない事実が明らかにされています。加えて、セカンドレイプ*2 という言葉を知っていると答えた大学生は39.5％で、大学生が性暴力に対する十分な知識を持っておらず、性被害者をさらに傷つけてしまう可能性も指摘されています。

　教授と学生、先輩後輩、友人同士など、大学内で関係性のある人物間で性暴力が起きる「キャンパスレイプ」は、ある一定の期間、関係が濃密だからこそ、大きな被害をその後の人生に与えてしまいます。安全な大学を作るために、キャンパスレイプに関する「正しい情報の啓発」と「教育」によって予防していく必要があります。

　海外では、大学内に性被害者とカウンセラーを結びつける施設が設けられて

＊1 「日本の大学生における性暴力経験と精神健康度」（河野美江、2018 年）
＊2 性暴力に遭った人が、被害後、他者の言動によってさらに傷つけられること。
＊3 女性教員比率 30％の達成、学内保育所の開設などを目指している学内組織。

いて、性暴力に遭った学生を支援する対応が充実している例もあります。しかし、日本には性暴力専門の相談施設が整った大学は未だに一校もありません。

● 性的同意を広める

2016年の秋、NPO 法人ちゃぶ台返し女子アクション、明日少女隊、しあわせなみだ、性暴力と刑法を考える当事者の会という4つの団体が、性暴力被害の実情に合った刑法への改正を求める声を、政治に届けることを目的に「Believe キャンペーン」という活動を始めました。創価大学内でも性的同意を啓発したいという7人が創立メンバーになり、「ジェンダーにとらわれず私が『私』を決める創価大学」を目標に掲げ、「創価大学で性的同意を広め性暴力をなくす」「すべての創価大学生の自己決定が尊重される環境づくり」の実現のために BeLive Soka を立ち上げました。

BeLive Soka という名称には「自分らしく生きる」という意味が込められています。そのため Believe の言葉を Be（自分らしく）Live（生きる）Soka（創価大学）と変更しました。

2017年から活動を始め、団体結成から2021年で5年目を迎えますが、ここまでの道のりは簡単ではありませんでした。当初は大学が真っ向から問題に向き合ってくれず、交渉を重ねた結果、やっと実現した大学側とのミーティングでは「男女共同参画推進センター＊3があるからいいじゃない」などということを言われました。

しかし、男女共同参画推進センターの活動にはキャンパスレイプの問題意識がどこにもありませんでした。「性」をタブー視している一部の学生から否定的な意見が出たこともあり、活動はスムーズに進んだとは言い難い状況でした。しかし大学当局と継続的な交渉を重ねることで、校内で性的同意の啓発を行う活動に理解を得られるようになっていきました。

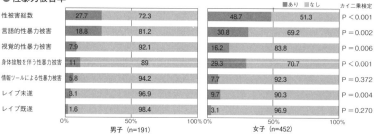

●性暴力被害率

	男子 (n=191) あり	男子 なし	女子 (n=452) あり	女子 なし	カイ二乗検定
性被害総数	27.7	72.3	48.7	51.3	P＜0.001
言語的性暴力被害	18.8	81.2	30.8	69.2	P＝0.002
視覚的性暴力被害	7.9	92.1	16.2	83.8	P＝0.006
身体接触を伴う性暴力被害	11	89	29.3	70.7	P＜0.001
情報ツールによる性暴力被害	5.8	94.2	7.7	92.3	P＝0.372
レイプ未遂	3.1	96.9	9.7	90.3	P＝0.004
レイプ既遂	1.6	98.4	3.1	96.9	P＝0.270

河野美江（2018年）「日本の大学生における性暴力経験と精神健康度」より

　現在、「性的同意ワークショップの制度化」「学内に性暴力被害者支援センター（with You）の設置」という目標を掲げ、留学生を含む13人のメンバーで、定期的に学生の性的同意ワークショップの開催や、展示などの啓発活動を行っています。さらに、大学当局や、教職員と継続的な協議を重ね、「学生第一」の考えを基本に据えて、安心・安全なキャンパスライフの実現に尽力しています。

　性的同意ワークショップの制度化は、授業内で性的同意ワークショップを毎年全学部で開催することを目的としています。性的同意ワークショップは、オックスフォード大学等の海外大学において新入生のオリエンテーションで行われているプログラムに基づいて作られています。いくつかの身近な例を元に、パートナーシップや性関係における同意とは何か、なぜそれが重要であるのか、さらに互いの同意を尊重し合う実践的な方法について考える内容となっています。2018年には、キャンパスレイプの課題に取り組むことの必要性、性的同意ワークショップ実施の制度化を訴えて大学内で署名活動を実施し、2026名の署名を学長に提出しました。その結果、新入生を対象とする授業でワークショップが行われ、これまで通算800人以上に授業内での性的同意ワークショップが実施されています。

　多くの大学で、性暴力などに関する実態調査が行われていないため、大学内での被害状況は不明ですが、被害の実態を明らかにすることは、性暴力のない大学づくりに向けて、予防教育・被害支援を強化するために不可欠な課題です。今後も継続的なワークショップを開催することに加えて、全学部での開催に向けて大学との連携を強めていきたいと考えています。

● 今読んでくれているあなたへ

　性被害はあなたから程遠い「誰か」の話でもなく、「性暴力や性的同意の

啓発活動は、自分とは関係のない話」でもありません。実際に性暴力はあなたの身近なところに潜んでいる、根深い問題です。あなたが性暴力について知ることや、性的同意について周りに話すことで、あなた自身や身近な人を性暴力の被害から守ることにつながります。

　あなたの勇気と少しの行動で、誰かが悲しい思いをすることがなくなり、誰かを励ますことができます。行動に移すことが難しいのなら、この本の内容やわたしたちの活動を頭の片隅に置いておいてもらうだけでも良いのです。これがわたしたちからみなさんへのお願いです。BeLive Soka のページを読んでくれてありがとうございました。

創価大学／ BeLive Soka
「ジェンダーにとらわれず私が『私』を決める創価大学」をビジョンとして、誰もが過ごしやすい大学を目指し日々活動中。
（文責）須田優菜／山口賢聖／海老澤美幸／市川杏

27
性教育と
「性と生殖に関する健康と権利」

福田和子（＃なんでないのプロジェクト代表）

● 暴力を「セックス」とは呼ばない

パートナーが料理を作ってくれたとします。そこに苦手な食べ物があったらあなたはどうしますか？　口では「美味しい！」と言いつつ、水で無理やり飲み込みますか？　それとも「これは苦手だから食べられないけど、作ってくれてありがとう」と伝えますか？

もし、そこで伝えなかったら、これからずっと、それが食卓に出てきては苦しい思いをするかもしれません。

立場を変えて、作った側ならどうでしょう？　たとえ相手が内心苦しみながらでも「美味しい」と食べてほしいでしょうか？　それとも、苦手なものは苦手と伝えてもらって、お互いが本当に好き、美味しいと思うものを食べたいと思うでしょうか？

「嫌だな」と思うことはなるべく早めに伝えてお互いがいいなと思うものを残していくと、当然ながらお互いが幸せと思える時間、関係を築きやすくなります。実は、セックスでも同じことが言えるんです。

わたしは現在、日本で「セクシュアル＆リプロダクティブ・ヘルス＆ライツ（性と生殖に関する健康と権利）」のための活動していますが、「嫌だと言えない」「痛いと言えない」といった声をよく聞きます。片方は気づかずに良かれと思って、もしくは自分が好きだからするけれど、もう片方の側は苦しんでいることもあるのです。

中には、嫌だとはっきり拒否しても無視されることがあります。そうするとこれは「性的同意」がない状態、「セックス」ではなく「性暴力」です。しかし、わたしたちの社会では、「性暴力」と「セックス（性的行為）」の境界線を明確に教えてもらえないことが多く、さらには「嫌よ嫌よも好きのうち」といった言葉で暴力が暴力と認められることもないまま、苦しんでいる

＊1 『国際セクシュアリティ教育ガイダンス【改訂版】―科学的根拠に基づいたアプローチ』（ユネスコ編、浅井春夫他訳、明石書店、2020年）

＊2 「性と生殖に関する健康と権利（セクシュアル・リプロダクティブ・ヘルス／ライツ）」（カイロ国際人口開発会議（ICPD）1994年）

人が多くいるように感じます。

🔘 自分の気持ちに気づく力・伝える力

「性的同意」といっても、明確に自己主張をしにくい文化の中で、「セックス」の話題になった途端に、ことさら「イエス・ノーをはっきり言いましょう」と言われても、ハードルが高いのは当然です。諸外国でも同様で、はじめから自分の気持ちを表現するスキルを備えている人はいません。

たとえば、性教育の国際的指針である『国際セクシュアリティ教育ガイダンス』＊1では、5〜8歳の幼い頃から「言語・非言語コミュニケーション」で「イエス」「ノー」を表現する様々な方法を教えることが推奨されています。

わたし自身、フィンランドの性教育者から、鏡の前で、言葉や声のトーン、表情を変えて3段階の「イエス」や「ノー」を表現する練習について教えてもらったことがあります。

たとえば望まない行為を迫られたときには、

①それは好きではないから、やめてもらえませんか？

②嫌だと言いましたよね、やめてください。離れてください。

③やめないと、人を呼びます。

など、すぐに使える言葉を学校や職場で日頃から練習しておくと、とっさのときに役に立ちます。こういった練習は、性暴力だけでなく、性差別的発言を受けたときにも有効です。

また、状況によっては、「自分の気持ちに気づく力」が弱くなり、「ここまではいいけど、ここからはダメ」という境界線や、自分の気持ちがうまく整理できなくなり、相手の行為にどう対応していいかわからなくなる場合があります。

● 「国際セクシュアリティ教育ガイダンス」の中で扱われている
　「同意、プライバシー、からだの保全」とは？ （一部例抜粋）

5-8 歳で学ぶこと
・誰もが、自らのからだに誰が、どこに、どのようにふれることができるのかを 　決める権利をもっていることを知る
【例】自分が不快だと感じる触られ方をした場合にどのように反応すればよいか（「いやだ」「あっちに 　　　いけ」と言う、信頼できるおとなに話すなど）をはっきりと示す練習をする

9-12 歳で学ぶこと
・望まない性的な扱われ方とは何かを知り、成長に伴うプライバシーの必要性を理解することの重要性を知る
【例】プライバシーを守り、望まない性的扱われ方に対抗するために、アサーティブ（相手も尊重した 　　　自己主張）に伝える練習をする

　たとえば、相手との体力差、相手の優越的地位、暴力やアルコール、薬物を伴う関係、金銭や物品の授受を伴うような場合には、自分の本当の気持ちに基づく判断をしにくくなります。相手との性的関係に違和感があれば、まずは、自分の気持ちが何かに押し殺されていないか、相手に自分の思いを聞く姿勢はあるかを確かめてください。

● 相手の思いを聞く力

　知らないうちに相手を傷つけないためには、お互いに「相手の思いを聞く力」も必要です。

　「あなた（きみ）が幸せと思うことしかしたくない」「嫌なときは我慢されるより嫌と言ってくれた方がうれしい」など、パートナーに日頃から伝えてください。そして、相手が本音を伝えてくれたときには「本音を言ってくれてありがとう」と伝えてみてください。その会話の積み重ねが、いつでもお互いに本音を言える関係性を築き、お互いのこころ、からだ、権利を大切にした心地よい状態につながるはずです。

● 知っておきたい自分の身体のこと

　自分と相手を暴力から守るには、からだについての知識と「自分の身体は自分のもの」という感覚（bodily integrity）も重要です。特に女性の場合、自分の性器を見たり触ったりする機会が限られるため、自分の身体についての感覚が持ちにくいことがあります。特に性器にトラブルが起こったときに気づかないことがあります。

　『国際セクシュアリティ教育ガイダンス』では、5〜8歳までに「内性器、外性器の重要な部分を明らかにし、それらの基本的な機能を説明する」ことが推奨されています。たとえば、フィンランドでは小学校4〜5年生の性教

12-15 歳で学ぶこと
・プライバシーと、からだの保全の権利を誰もがもっていることを知る
・誰もが、性的な行為をするかしないかをコントロールする権利をもち、またパートナーに積極的に自分の意思を伝え、相手の同意を確認すべきであると知る
【例】性的行動における個人の境界線に関して、同意する表現、同意しない表現を練習する

15-18 歳で学ぶこと
・健康で、よろこびのある、パートナーとの合意したうえでの性的行動のために同意は不可欠であると知る
・同意を認識し、同意を伝える能力に強く影響を与える要因に気づくことが重要であると知る
【例】同意を認識する能力、同意を伝える能力に影響する可能性のある要因（アルコールや薬物、ジェンダーに基づく暴力、貧困、力関係）を分析する

参考文献：『国際セクシュアリティ教育ガイダンス』（明石書店、2020 年）

育で、鍵をかけた自宅のバスルームで性器を含む自分の身体を見て、触って、自分の身体を認識する宿題が出されることもあるそうです。

● どこからでも、はじめられる

　性教育は、子どもにだけ必要なものではありません。思春期から高齢期になるまで、女性は心身共に大きな変化を体験していきます。また、セックスを体験するとなると、相手の気持ちを聞き、自分の思いも伝えられることの大切さはもちろん、性感染症や妊娠の可能性など、年齢を問わず気をつけるべきことも多くあります。性に関わる知識とスキルは、一生を通して自分も相手も守ってくれます。だからこそまずは、自分の身体を自分で知り、向き合っていくことからはじめてみませんか。

● 性被害に直面しても

　暴力に直面すると、心がフリーズして何も感じられなくなったり、自暴自棄になって、自分を責めたり、先に進むことを諦めそうになることもあるかもしれません。

　でも、誰もが、性に関することも、常に必要な知識と様々なケアを受け大切にされる権利、そして、望まないものは拒否する権利[*2]を持ち、心も身体も尊重されて当たり前であることを忘れないでください。すぐにはすべてを変えられなくても、自分の気持ちに気づき伝える練習や、自分でできる確実な避妊など、できるところから一歩を踏み出してください。その蓄積はきっと、自分の望む人生を歩む力になるはずです。

福田和子（ふくだ・かずこ）
＃なんでないのプロジェクト代表。ヨーテボリ大学大学院公衆衛生学専攻。プロジェクトでは避妊選択肢拡充や緊急避妊薬の薬局入手を求めるオンライン署名を実施中。

28
性的マイノリティーの
性被害

オガワフミ（福祉職員）

● 性的マイノリティーが差別にさらされてきた歴史

　1996年から足かけ13年間、アメリカのボストンで性的マイノリティーの人たちのためのクリニックに最初はボランティアやインターン、研究員、最後は正職員コメディカルとして勤務していました。ハーバード大学医学部の教育や研修を受け持つ地域の拠点コミュニティー・クリニックでした。

　このクリニックで、性的マイノリティーの大人や子どものケアのお手伝いをしてきました。いろいろな性的指向（どの性別に惹かれるか）や性別違和（与えられた性別への違和）を持つ人たちの心身の健康を守る仕事です。同性愛者（ゲイ、レズビアン）や両性愛者（バイセクシュアル）の人々、生まれた時にあてがわれた性別と本人の性別が一致しないトランスジェンダー、自分の性的指向や性同一性を決めかねている人（クエスチョニング）、性的な関心や欲求を持たない人（アセクシュアル）など様々でした。世の中に左利きの人や血液型がAB型の人がいるように、性的な少数者も一定数存在しているのです。

　性的マイノリティーの人々は、少数者であることでいわれのない偏見や先入観・差別にさらされてきた長い歴史がありました。異性愛者の両親や友人、教師などに自分が性的マイノリティーであることを知られるのを恐れるあまり、孤独な子ども時代を送ってきた人々に出会ってきました。この人たちは、心身の危険にさらされても誰にも助けてもらえなかった経験を積み重ねていました。

　性的マイノリティーであることが発覚してしまい、家族であることを拒絶されて家出せざるを得なかったり、いじめや暴力に遭っても学校以外に逃げ場がない子どもたちがたくさんいました。悲惨なことに、安心できる居場所を失った子どもたちや若者の中には、衣食住を得るために「サバイバルセッ

クス」といって、寝る場所や食べ物・防寒具と引き換えに大人と望まない性的な行為をすることで生き延びていた人もいました。また、風俗産業やセックスワークに取り込まれた人もいました。さらに、性的行為中に心身を傷つけられ、死亡する例もありました。

● 理解されづらい性的マイノリティーの被害

　欧米では、性的マイノリティーの人が性暴力に遭う被害は多数派の人に比べて50％多い、という調査報告が出たこともあります。性的マイノリティーの人は、成人後もパートナーから虐待やDVに遭っても、社会的な制度が整っていないために助けを求められない場合があるのも知られています。

　性的マイノリティーの性暴力被害は男性器を挿入されることだけではないのですが、現行の規定では強制性交等罪としての届け出が法律で認められていないのも原因の一つになっています。

　実際に起こった女性から女性の性暴力、男性が男性から受けた性暴力にもかかわらず、男性器以外のものを入れられたために支援機関や警察で対応してもらえず、被害者の泣き寝入りで終わっていた多くのケースがあります。日本でも、こういったケースをなくすために、性的暴行（レイプ）の要件を男性器の挿入だけに限らないように刑法の運用規定の見直しを求める当事者や支援者の動きが活発化しています。

　また、公的機関から性的マイノリティーであることが知られてしまうのを恐れて、相談できないでいる場合もあります。警察や自治体機関に被害相談したことから、捜査の過程で、親族や人事など個人の性的指向が本人の望まない相手にまで知られてしまい、被害届＝カミングアウト、嫌なら泣き寝入りという公的アウティングになってしまう制度上の二次被害も起こる構造になっています。

同性間で起こっている加害が統計上強制性交として認められないことで、自治体や支援団体から被害者向けシェルターの利用や医療支援が想定されておらず断られることもあり、法のもとでの平等を保障する憲法に抵触する人権侵害になっています。

● 11月20日は「トランスジェンダー追悼の日」

　筆者が勤めていた病院でも、性暴力によって心身に受けたダメージが回復しないまま、自死を選ぶ性的マイノリティーの人々がいました。社会的な認知が進んだ現代でも、性的マイノリティーの自殺率が2～3倍高いという欧米の研究もあります。特に若者層とトランスジェンダーに自殺企図が高いことが知られています。一方、法的に平等な同性婚が整備された地域では、性的マイノリティーの自殺が減少したという報告もあります。

　1998年11月28日、ボストンでリタ・ヘスターさんというトランスジェンダー女性が自宅ベッドで20回以上刃物で刺されて殺害されましたが、犯人は捕まりませんでした。その年には、他にもトランスジェンダーのセックスワーカーを標的にした殺人が相次いでいました。それまでも暴力のない社会を目指して現地で助け合って生きてきたLGBTQ＋の人たちと支援者は、リタさんの死を受けて「もう我慢できない」という思いを強くしました。そしてリタさんを忘れないこととお互いが孤立せず思い合えるために、事件が起きた翌週の金曜の夜に250人余りでキャンドルライト集会を行い、筆者も参加しました。

　その年に全米で殺されたトランジェンダーの人々の名前が次々に読み上げられ、その数は数十に上り、悲劇を繰り返さない誓いの祈りが捧げられました。これが徐々にネットで広がり、毎年全米で命日の前後にロウソク集会が続けられ、現在では11月20日がトランスジェンダーの人々の尊厳と人権に

ついて思いを巡らせ、社会に発信する国際的な「トランスジェンダー追悼の日」になっています。これまで20カ国185都市で行われたと言われていますが、カナダのオンタリオ州のように公式な記念日と定めている州もあります。

しかし、残念ながらリタ・ヘスターさんの事件から20年以上経った今でも性的マイノリティーに対する加害が続いています。

● 共に協力し合える

読者のみなさんの中にも、もしかしたら性的マイノリティーの当事者や当事者が周りにいる人がいることでしょう。自分はLGBTQ＋の人と会ったことがないと思っている人も、学校や職場・家族に性的マイノリティーであることを公にしていない人は多いので、実はこれまで気づかなかっただけかもしれません。すでに教室や仕事・親戚の集まりや交通機関でたくさんの当事者と毎日のようにすれ違ってきたことでしょう。

どの立場の人にも知ってほしいのは、性的マイノリティーの人も性暴力に遭っていること、制度の不備のせいで被害を認めてもらえてもらえず統計に入っていない人もいること、そして性暴力からのサバイバーを救済できる社会づくりにすべての立場から共に協力し合えるのだ、ということです。

また、あなたが性的マイノリティーの人から信用されて、秘密を打ち明けられ、どうしたら良いかわからない状態になったら、まず、その人を心から信じることから始めたらきっと一緒に考えられるようになると思います。

....

オガワフミ（おがわ・ふみ）
福祉職員。ボストンのフェンウェイ・ヘルスでLGBTQ+コミュニティーの公衆衛生支援職に従事。帰国後、厚生労働省の自殺対策事業相談員や感染症研究員を歴任。

29
男性の性暴力被害の
抱える困難

宮﨑浩一（臨床心理士、公認心理師、立命館
大学大学院人間科学研究科博士課程後期課程）

● 「男性の」と言わなければ見えてこない性被害

　男性の性暴力被害と聞いて、なんだかピンとこない感じがするでしょう
か。そこには、あえて「男性の」と注記しないと事態が明らかにならない性
被害の困難があります。「男性の性暴力被害」は、あまり調査や研究が行わ
れてきませんでした。ですので、正確な被害率は把握し難いのですが、日本
では挿入を伴う性被害は0.4 〜 1.5%、なんらかの性的な被害は20 〜 30%
という調査データがまとめられています[*1]。

　性的なからかい、盗撮、痴漢、裸を見せられること、マスターベーション
の強要、セックスの強要など、男性が受ける性暴力被害にも様々な形態があ
ります。ある男性は幼児の時から父親が布団に入って来て性器を触られてい
た経験があり、大人になってからその意味を知って、嫌悪感と苦しみを抱え
て生きてきた、といいます。お酒を飲んで意識が朦朧としている状態で、口
腔性交と肛門性交を強要されたという男性もいます。

● 男性の身体反応

　性暴力の加害者は、男性の場合も女性の場合もあります。また、異性愛を
自認している男性が加害するケースも例外的なことではありません。加害者
の様々な行為によって、多様な被害が生じます。ですが、多かれ少なかれ加
害者が男性被害者の身体反応を利用するのは共通しています。

　勃起や射精とは反射的なものなので、恐怖や不快を感じている状況でも起
こり得ます。精通やマスターベーションを初めて経験することが多い思春期
ごろから、自分の性的な気持ちや身体を理解していきます。ですが身体反応
という点では、精通以前の幼児期のペニスも刺激を受けて勃起しますし、快
感が起きます。男性外性器は、他人からも見えやすい構造になっていますか

＊1 宮﨑浩一（2021年）「男性の性被害とはどのように生きられるのか―一人称の現象学的記述の試み」，『ジェンダー＆セクシュアリティ』16,31-53.

ら、勃起や射精という現象によって快感が起きていることが加害者にも伝わりやすいという特徴があります。そのため、加害者は「身体は正直」などと、あたかも被害者がその行為に同意しているかのような言葉をかけることがあります。これは加害者には被害者の身体を支配している優越感を感じさせ、被害者には恥辱感や罪悪感を感じさせる可能性があります。勃起や快感などの身体反応が起きているのは、切られて血が出て痛いと感じるのと同様で、被害者がその行為を望んでいたという根拠にはなりません。

　勃起という身体反応を利用して、ペニスの挿入を強要するという性暴力被害も報告されています。加害者のどの穴への挿入であれ、第三者の視点からは、被害者男性が能動的に性行為をおこなっているように見えかねませんが、加害者の支配下での行為であって性暴力被害なのです。

🔘 男性性の混乱

　性暴力は、被害者が男性だからといって、その被害が軽微だということはありません。性暴力被害による影響や症状は、性別にかかわらず共通していることが多いですが、男性の性暴力被害に特徴的なことに、「男性性の混乱」と呼ばれる状態や、援助要請行動が少ないことが挙げられます。

　「男性性の混乱」という状態は、それまで抱いていた自身の男性像と一致していないという感覚が現れてくることを指しています。例えば、「男なのに戦えなかった」「凍りついてしまった」「言いなりになってしまった」といった男性に期待されている行動をとれなかったことで、自分の男らしさに疑問が生じることがあります。また、異性愛を自認している男性が、男性から加害を受けたことで勃起し射精に至ったことで、自分の性指向が変わってしまったのではないかという不安や混乱が起きることもあります。

　もうひとつの、誰かに助けを求める行動である援助要請の過少というの

は、性暴力被害に限らず男性の方が少ないと言われています。その傾向に加え、男性の性暴力被害が知られていないことや相談先が限られているため、当事者にとって誰かに助けを求めることが現実的な選択肢になっていないという社会的背景もあります。

● 男性優位な社会

　男性が性暴力被害を受けていても、「男性が性暴力被害に遭う」といった基本的な情報の不足や支援体制が未整備のため被害を訴えにくく、さらに男性の性暴力被害を見えづらくしています。男性の性暴力被害がないものにされている事態は、男性は常に能動的で強い存在という男性優位な社会の「男らしさ」のルールを維持するために都合の良い状況を生み出しています。逆の言い方をすると、男性の性暴力被害者は「男らしくない」存在としてみられるのです。

　男性優位な社会のあり方は、男性の性暴力被害者に困難な道筋しか与えていません。男性優位な社会で生きるために、男らしさのルールに従おうとすれば、沈黙し続けて嫌な体験を感じないように蓋をさせます。また反対に、性暴力被害者と認識し、被害を社会に訴えようとすると、男社会から排除されることを覚悟しなければなりません。男性優位な社会は、男性の性暴力被害者にこのような極端な選択を迫ります。

　男性が性暴力被害に遭うことは明らかですし、性暴力被害に遭った時、男性であるからといって、そのつらさや苦しみ、痛みが少なくなることはありません。しかし一方で、男性優位な社会の特権的地位から降りられているわけでもありません。「男性の」と名指すことで見えてくる性暴力被害の困難は、男性として生きる上で免れない特権性や男らしさのルールと、個別的な性暴力被害の苦しみを抱えて生きることが矛盾している点にあります。

● 男性たちが語れるために

　男性は自らの特権性・加害性、男らしさのルールに縛られることのつらさについて言葉にし、「男らしさ」を問題化してきました。しかし、特権性・加害性の自覚や「男もつらい」という認識があっても、男らしく生きていられます。むしろ、このような認識だけでは男性が自らの弱さや傷つきを語れないままとなってしまいます。

　性暴力の被害者に沈黙を強いて、見えないようにすることの利益は、加害者と男性優位な社会を温存したい側にあります。女性の言葉によって、理論的にも実践的にも性暴力の問題性が明らかになってきました。男性の性暴力被害が社会に認識され、支援体制が整備されるためには、男性たちが特権性や加害性のみならず、弱さや傷つきを言葉にしていく必要があると思います。

宮﨑浩一（みやざき・ひろかず）
　臨床心理士、公認心理師。立命館大学大学院人間科学研究科博士課程後期課程在学。

30
性暴力加害者処遇プログラムの現在

信田さよ子（公認心理師、臨床心理士、原宿カウンセリングセンター顧問）

● 性暴力加害者は病気ではない

　加害者へのアプローチにおいて、どのような言葉を使うのが適切なのでしょうか。2004年からDVの加害者プログラムにもかかわってきましたが、「治療」という言葉は忌避されるべきだと思います。加害者を「治療」するとか、加害者が「治る」といった言葉は使用しません。なぜなら、「治療」は病気や疾病に対して用いられる言葉であり、性暴力をふるう人は病気ではないからです。

　しかし、「病気だからあんなことをしたのではないか」「ふつうの人ならあんなひどいことはできないはずだ」という想像によって、いったんは整理できるかもしれません。理解不能なことはすべて病気として周縁化する傾向は今に始まったことではないからです。

　病気の治療と、性暴力の責任をとることは両立しません。病気になったことに責任はないからです。「病気だから」という彼らの免責性を強めてしまう点で、「治療」という言葉は有害だといってもいいでしょう。

　もちろん、多くの性犯罪の中には精神鑑定が必要とされるものも含まれますが、大多数は世の中に適応して生きている男性によって引き起こされているのですから、性暴力を疾病化し、「治療」するという言葉は使用すべきではないでしょう。性暴力の責任をないがしろにしないように、カナダなどの諸外国では「treatment」という英語が使用されています。法務省はこれを「処遇」と訳しています。

● 「治療」とは呼ばない

　日本でしばしば「治療」という言葉が用いられる一因に、法務省関連の施設（刑務所や保護観察所）以外に、性加害者に対するアプローチを実施する

機関がほとんどないことが挙げられます。わたしが顧問をつとめる原宿カウンセリングセンター（民間の心理相談機関）では、1995年の設立以来、性加害者の来談が珍しくありませんが、カウンセリング料金がかかるために来談できるひとは限られてしまいます（もちろんこの点は性暴力被害者にも当てはまります）。

　一方、依存症やアディクション（嗜癖）の治療機関である一部の精神科クリニックでは、性暴力もアディクションの一環としてとらえて、性加害者へのアプローチを保険診療の範囲内で行っています。

　カウンセリングは医療行為ではないため保険適用にならず、結果的に料金が安いからという理由で、一部の性加害者が医療機関を受診しているという現実はもっと知られるべきだと思います。

　繰り返しになりますが、性暴力は犯罪であって病気ではないのですから、医療機関で「治療」することが妥当であるかについて検討する必要があると考えています。同時に、民間のカウンセリング機関で実施される性暴力加害者プログラムへの参加費が、公的支援を受けられるようなシステム構築が喫緊の課題だと考えています。

● 懲罰主義から処遇プログラム導入へ

　日本における性犯罪者へのアプローチの変化は、2004年に起きた奈良の小1女児殺害事件[*1]がもたらしたものでした。この事件を機に性犯罪を繰り返す者への対応を検討すべきだという世論が高まり、これに応える形で法務省が「性犯罪者処遇プログラム検討委員会」を立ち上げました。

　この事件は、明治以来の監獄法が廃止される契機にもなり、懲罰主義から更生プログラム導入へとシフトする、刑務所の革命ともいえる変化につながっていきます。前近代的で応報主義的な刑務所から、社会復帰を目指す施

映画『プリズン・サークル』
の一場面
©2019 Kaori Sakagami

設への転換は、性犯罪者を懲罰の対象ではなく、更生教育の対象として考える転換を意味します。

　その後、カナダとイギリスの制度を参考にして作成された「性犯罪者処遇プログラム」が、刑務所（法務省矯正局管轄）と保護観察所（法務省保護局管轄）に導入されて、現在に至っています。出所後の再犯率においても、プログラム受講者のほうが低いことが明らかになっており、一定程度の効果が認められるとされています。

　2005年、わたしは「性犯罪者処遇プログラム検討委員会」の委員の一人としてカナダを視察する機会を与えられましたが、その際、DVと性犯罪の加害者プログラムが類似した構成になっていることを知りました。両方とも加害者のほとんどが男性であり、犯罪行為が繰り返されるという共通点があったからです。

　しかし、DV被害者は、離婚後も加害者との関係性が継続する（子どもとの面会交流などを通して）場合もあります。したがって、DVは「被害者支援の一環としての加害者プログラム」であることが強調されます。一方の性暴力は、被害の深刻さを知ることは当然ですが、何より「再犯防止」という社会防衛的な側面が強調されます。この点がDVと性暴力の加害者プログラムの相違点だといえます。

　カナダの性暴力加害者プログラムでは、もともと被害者共感[*2]に重点が置かれていましたが、2000年に見直されたプログラムでは、「再犯防止」のほうに重点が置かれるように変化しました。それらは再犯率のエビデンスに基づいたものだと言われています。

● 現在の性犯罪者処遇プログラムの動向

　カナダでは、上記のような刑務所で実施されるプログラムの再犯率（＝プ

＊1　加害者（35歳）は女児への強制わいせつ致傷などで懲役刑の前科があった。第一審で死刑確定。

＊2　加害者が、自分の性暴力によって被害者がどれほど傷つき、その後の人生を支配されてしまうかという苦しみや与えた影響の甚大さを知ること。

＊3　『グッドライフ・モデル』パメラ・M・イエイツ、デビッド・S・プレスコット著、（藤岡淳子監訳、誠信書房、2013年）

＊4　受刑者同士がグループで対話しながら更生を促すプログラムを導入する日本で唯一の刑務所「島根あさひ社会復帰促進センター」を取材したドキュメント。

ログラムのエビデンス）が公開され、定期的にプログラムの更新が行われています。膨大なデータの蓄積によって徐々に明らかになってきたのは、被害者共感という側面を強めることや、再犯のリスクを洗い出しそれを低減させるだけでは再犯率は決して下がらないということでした。

2011年、トニー・ワードが考案した『グッドライフ・モデル』という更生プログラム＊3は、性加害者たちが再犯防止のためにどうすれば自分を変えられるかという内容になっています。そのためのモチベーションは「よりよい人生を送りたい」という視点にあるとされます。このプログラム導入によって再犯率は大幅に下がったといわれます。

従来のプログラム内容を継承したうえで、未来志向的側面を加えた点は新しいものでしたが、まず抱いた感想が、こうまでしなければ再犯率は下がらないのか、というものでした。新たな被害者を出さないという再犯防止のためには、再犯率を下げることが最重要課題です。しかし、性暴力のトラウマを負った被害者たちは、加害者が「未来」を考えることは容認できないのではないでしょうか。変化へのモチベーションを高めることで再犯率が下がることと、被害者感情との相剋が生じないのでしょうか。

グッドライフ・モデルが効果を上げたということは、加害者に対して「被害者の人生を根底から破壊した」という被害の深刻さを突き付けることは、再犯抑止に効果がないことをあらわしています。被害者共感は、加害者を絶望的にさせ、再犯のリスクを高めてしまうという逆説が生まれるのです。時間をかけて、映画『プリズン・サークル』（坂上香監督、2019年）＊4のように加害に直面させることは不可能ではないでしょうが、コストは膨大なものになるのかもしれません。

トニー・ワードらのプログラムを知ったとき、「それほどまでに自らの加害に直面することは困難なのか」と思い、加害者らの脆弱性を知る思いでした。

● 被害者感情と処遇プログラムの方向性

多くの被害者は、性暴力を行った加害者が、逮捕後刑務所でどのような処遇プログラムを受けるのかに関心を持つでしょう。プログラムによって、被害の甚大さを知り、自分の犯した罪の深さに苦しむことを望むでしょう。ときには自分と同じ苦しみを与えてほしいと願うでしょう。

DV加害者を対象にしたプログラムの主眼は、被害者に対して自らの暴力の責任を取ることにあります。二度とDVをふるわないことはもちろん、さらに謝罪や償い、説明責任（自分のしたことをちゃんと認める）が含まれます。

しかし、性暴力は犯罪として裁判による司法的判断を経て、執行猶予もしくは有罪となります。被害者に対する直接的接触が避けられることで、加害者が直接責任を取ることは不可能となります。結果的に再犯防止という社会防衛的な目的が主眼となります。

すでに述べたように、個別の被害者感情と未来志向的な処遇プログラムとが乖離しつつあることは現実に起きていることです。イギリスにおいても、再犯率を下げるエビデンスの点からも、カナダと同様のものへとプログラムが再編されつつあります。

加害者プログラムの源流は、1970年代の欧米における第二波フェミニズムにおける性暴力被害者支援、DV被害者支援にあります。それから半世紀が過ぎ、DVも性暴力も犯罪として司法が裁く時代となりました。日本では世界の潮流からまだまだ遅れていますが、いくつかの民間団体がDV加害者プログラムを実施するようになっています。被害者の大多数は女性であり、加害者プログラムとフェミニズムは不可分の関係にあるはずですが、公的に実施されることで、根底にあるフェミニズムの思想は残念ながら脱色されつつあります。性犯罪者処遇プログラムにおいても、被害者像はますます後景

に退くことになるでしょう。

　これまで数多くの加害者に対してカウンセリングを行ってきましたが、彼らが被害者の苦しみや実態を知り、それと直面することの困難さを思い知らされてきました。自らの加害に直面することの苦しみは、それほどまでに深くて恐ろしいものなのでしょうか。このように彼らが直面化を避けることを、脆弱性や甘え、人間性の欠如として一刀両断するのではなく、自らの行為の加害性に直面できるようになるために、彼らに何が必要か、どんなアプローチが可能なのかを考えることが必要ではないかを考えています。

信田さよ子（のぶた・さよこ）
公認心理師、臨床心理士、原宿カウンセリングセンター顧問。アルコールやギャンブルなどの依存症、摂食障害、ひきこもりに悩む人たちやその家族、性暴力の加害者・被害者などのカウンセリングを行っている。

わたしたちが痴漢撃退アプリをつくったわけ

「Radar-z」とは、痴漢やつきまとい、盗撮などの被害ついて、時間や場所の情報を登録するアプリです。どこでどんな被害が起こっているのか、ビッグデータを集め犯罪抑止につなげるための試みです。痴漢被害は通報や相談を行う人が少なく、被害を可視化しづらいという特徴があります。被害に遭った人しか事実を知らないため、被害を軽視されたり、効果のある対策が取られないという問題があります。

このアプリがスタートしたのは 2019 年 8 月。開始前にわたしたちが行ったアンケートでは、90％の方が通報や相談を行っていない状況がありました（9 割が通報・相談していないという結果は以前、警察が行った調査と同じ数字です）。その心理状況は、体が固まってしまう「フリーズ現象」のほか、「ショックな事態から立ち直るのに時間がかかったから」「恥ずかしかったから」、そして「遅刻するから」「捕まえられないと思ったから」「周りに迷惑だから」など……。季節や場所など、被害の詳細が記載されたたくさんのコメントから、悔しい思いをしてきた人がこんなにいるということを改めて感じました。

「Radar-z」は、被害に遭った人が地図上に印を残すような感覚で「報告」できることを目指して、サービスをスタートしました。リスクやコストの負担がないことも特徴です。個人では立ち向かうことが難しいことも、みんなの声を集めれば、課題を明らかにすることができるはずです。集めたデータを鉄道会社や警察と共有し、痴漢防止のための改善を行うこと、被害に遭った人たちをエンパワーすることを目指しています。

アプリのスタート後も、利用者の方の声を聞きながらサービスの改善に務めています。たとえば、第三者視点の報告や、報告できる被害内容の拡大、「プチ撃退機能」としてニセ電話機能の追加などを行っています。2020 年 1 月には、センター試験日を狙った痴漢の対策として、「with yellow」を合言葉に、オンラインのアプリを使った近距離通信を使った「もしものときのヘルプ通知」と受信による見守り、さらに、黄色のアイテムを身につけたメンバーが電車内をパトロールするなどの活動を実施しました。

ビッグデータで世の中を動かして行くことには少し時間がかかるかもしれませんが、人の多い駅や電車の中での被害については、周りにいる人たちの意識が変わり、助け合える意識や行動がとても重要なことだと考えています。今後は、駅から街中へと可視化の領域を広げ、みんなの声を力に改善の働きかけと、助け合いの輪の両輪で課題解決を目指します。

Radar Lab
インターネット関連のベンチャー企業

■おすすめの本②

『性暴力被害の実際──被害はどのように起き、どう回復するのか』
　（齋藤梓・大竹裕子編、金剛出版、2020 年）

『ジェニーの記憶』（映画、2018 年）

『おとめ六法』（上谷さくら・岸本学著、KADOKAWA、2020 年）

『Black Box』（伊藤詩織著、文藝春秋、2017 年）

厚生労働省のハラスメント対策パンフレット
　（https://www.mhlw.go.jp/content/11900000/000611025.pdf?fbclid=IwAR2Z5I23
　NnOuD6mcPUFlbez6GYrCXGJAf2TxdWwwvMI5mDnTQD8Uh3tPRjM）

『マスコミ・セクハラ白書』（メディアで働く女性ネットワーク著、文藝春秋、2020 年）

『環状島＝トラウマの地政学【新装版】』（宮地尚子著、みすず書房、2018 年）

『増補 刑事司法とジェンダー』（牧野雅子著、インパクト出版会、2020 年）

『ジェンダーについて大学生が真剣に考えてみた──あなたがあなたらしくいられるための 29 問』
　（佐藤文香監修、一橋大学社会学部佐藤文香ゼミ一同著、明石書店、2019 年）

『リベンジポルノ──性を拡散される若者たち』（渡辺真由子著、弘文堂、2015 年）

『女子学生はどう闘ってきたのか』（小林哲夫著、サイゾー、2020 年）

『子どもを守る言葉「同意」って何？　YES、NO は自分が決める！』
　（レイチェル・ブライアン作、中井はるの訳、集英社、2020 年）

『教科書にみる世界の性教育』（橋本紀子、池谷壽夫、田代美江子編著、かもがわ出版、2018 年）

『国際セクシュアリティ教育ガイダンス【改訂版】──科学的根拠に基づいたアプローチ』
　（浅井春夫、艮香織、田代美江子、福田和子、渡辺大輔訳、明石書店、2020 年）

『少年への性的虐待──男性被害者の心的外傷と精神分析治療』
　（リチャード・B・ガートナー著、宮地尚子ほか訳、作品社、2005 年）

『性的虐待を受けた少年たち──ボーイズ・クリニックの治療記録』
　（アンデシュ・ニューマン、ベリエ・スヴェンソン著、太田美幸訳、新評論、2008 年）

『性暴力を生き抜いた少年と男性の癒しのガイド』（グループ・ウィズネス編、明石書店、2005 年）

わたしは黙らない
～性暴力をなくす30の視点

2021年10月30日　第1刷発行

編　　　者　合同出版編集部
発　行　者　坂上美樹
発　行　所　合同出版株式会社
　　　　　　東京都小金井市関野町1-6-10
　　　　　　郵便番号　184-0001
　　　　　　電話　042-401-2939
　　　　　　振替　00180-9-65422
　　　　　　ホームページ　https://www.godo-shuppan. co. jp/
印刷・製本　惠友印刷